Franz Neidl

Wozu braucht uns diese Erde?

W0368924

Franz Neidl

Wozu braucht uns diese Erde?

Die ökologische Spiritualität in *Laudato si'*

Mit einem Geleitwort von Hans Kessler

Butzon & Bercker

„Orientierung durch Diskurs“

Die Sachbuchsparte bei Butzon & Bercker, in der dieser Band erscheint, wird beratend begleitet von Michael Albus, Bruno Kern, Tobias Licht, Susanne Sandherr und Marc Witzenbacher

Bibliografische Information der Deutschen Nationalbibliothek

Die Deutsche Nationalbibliothek verzeichnet diese Publikation in der Deutschen Nationalbibliografie; detaillierte bibliografische Daten sind im Internet über http://dnb.d-nb.de abrufbar.

Das Gesamtprogramm
von Butzon & Bercker
finden Sie im Internet
unter www.bube.de

ISBN 978-3-7666-2481-9

© 2018 Butzon & Bercker GmbH, Hoogeweg 100, 47623 Kevelaer, Deutschland, www.bube.de
Alle Rechte vorbehalten.
Umschlagabbildung: © 1xpert – depositphotos.com
Umschlaggestaltung: Christoph Kemkes, Geldern
Satz: Schröder Media GbR, Dernbach
Printed in Lithuania

Inhalt

Zum Geleit

Hans Kessler

Die globale Öko-Krise ist eine nie da gewesene Herausforderung an die gesamte Weltgesellschaft.

„Wir sind am Scheideweg und stehen vor einem neuen Schritt der Menschwerdung“, so beschrieb vor wenigen Jahren ein leitender Mitarbeiter des Weltklimarates das wohl drängendste Problem des 21. Jahrhunderts, die globale Klimaveränderung mit ihren zunehmenden Folgen (immer extremere Orkane, Überschwemmungen, Dürren, Völkerwanderungen usw.). Und er fügte hinzu: „Wenn wir diesen neuen Schritt der Menschwerdung nicht schaffen, sind wir nicht überlebensfähig.“

Die Lage ist nicht ernst, sie ist dramatisch. Das gilt nicht nur für den Klimawandel, sondern für viele andere Prozesse der Umweltzerstörung.

Gewiss, Umweltzerstörungen gab es auch in früheren Epochen, doch damals wurde die Regenerationsfähigkeit der Biosphäre nur regional gestört. Heute ist sie global und auf breiter Front überfordert.

Und diejenigen, die am meisten darunter leiden, dass wir den Planeten plündern und verschmutzen (durch übermäßiges Verbrauchen, Verschwenden, Wegwerfen), sind die Ärmsten der Armen, etwa in Afrika, die durch ihr Verhalten noch nie nennenswert zur Veränderung des Klimas beigetragen haben; ihnen werden die Lebensmöglichkeiten geraubt, deshalb fliehen sie massenhaft. Wir wälzen die Kosten unseres übermäßigen Wohlstands ab auf die Ärmsten, auf die kommenden Generationen, auf die Natur.

Die Wohlhabenderen auf unserer gemeinsamen Erde verbrauchen jedes Jahr weit mehr Natur-Ressourcen (Nahrung, Rohstoffe, Wasser, Luft, Energie usw.), als die Erde im Jahreslauf regenerieren kann. Im jetzigen Jahr 2017 war unser menschheitliches Gesamtguthaben für das gesamte Jahr schon am 3. August aufgezehrt; am 3. August war der sog. Erdüberlastungstag erreicht. Über die Berechnungen kann man streiten, das ist nicht wichtig, lehrreich ist etwas anderes: Der Erdüberlastungstag rückte im Kalender immer weiter vor: Um 1970 war er im Dezember erreicht, um 1990 schon im Oktober, vor zehn Jahren Mitte August und nun Anfang August, der bislang früheste Überlastungstermin, wohlgemerkt als globaler Mittelwert. Mit dem deutschen Lebensstil weltweit wäre man schon am 24. April beim Kontostand Null angekommen.

Wenn es jetzt noch gelänge, den Dispo-Moment jedes Jahr um fünf Tage hinauszuzögern, wären wir 2050 wieder im grünen Bereich. Wenn hingegen die Menschheit weltweit so leben würde wie wir Deutschen (von den USA zu schweigen), bräuchten wir mehr als drei Erden; doch wir alle zusammen haben nur diese eine kostbare Mutter Erde.

Können wir den andern verbieten, besser leben zu wollen, nur damit *wir* unsere maßlos überzogene Lebens- und Wirtschaftsweise halten können? Wir langen viel mehr zu, als uns zusteht. Wir müssen deutlich zurückschrauben, einschneidend umsteuern.

Eigentlich wissen wir das, und immer mehr Menschen sehen das ein. Aber zwischen Wissen und Tun klafft eine große Kluft. 95 % sind für Klimaschutz, aber können es nicht umsetzen in der alltäglichen Lebensführung, lassen ihr Auto nicht öfter stehen, verbrauchen, verschwenden weiter. Die Routinen ändern sich nicht.

Bewusste Umkehr in *allen* Bereichen ist not-wendig. Wir kommen in unserer Lebens- und Wirtschaftsweise nicht um eine spürbare materielle Selbstbegrenzung herum, um Abkoppelung des Wachstums vom Naturverbrauch, vom Verbrauchen und Wegwerfen.

Die Zeit drängt, ganz rasche Kooperation ist nötig, das Pariser Klimaabkommen ist ein Hoffnungszeichen (trotz Trump).

Die Öko-Krise kann nur gemeinsam bewältigt werden. Nur durch neue Schritte der Menschheit zu wirklicher Kooperation, also zu dem, was uns Menschen von anderen Primaten unterscheidet und uns erst human macht: die Fähigkeit zum Wir, zu Kooperation, zu „geteilter Intentionalität" (wie der Primatenforscher Michael Tomasello sagt). Unser soziales Hirn kann mehr als nur digital in eigenen Vor- und Nachteilen denken; es ist darauf angelegt, komplexe Probleme gemeinsam zu lösen, eine Kultur der Mitgeschöpflichkeit zu pflegen, eine ökologische Kultur und Spiritualität.

Wie ist es möglich, dazu zu kommen: zur erforderlichen Selbstbegrenzung, vom Ego zum Wir?

Dazu kann vieles beitragen: Freiwillige Selbstbegrenzung (zugunsten der Biosphäre, der Ärmeren, der kommenden Generationen); manche leben das vor, aber die meisten wehren sich noch dagegen. Nötigung durch überfällige gesetzliche

Regelungen (wie zu erneuerbaren Energien) und ökologisch wahre Preise, was unseren politischen Druck auf die Gesetzgeber erfordert. Eine Ethik der Selbstbegrenzung; sie kann die Verbundenheit mit anderen Lebewesen herausstellen und ökologische Tugenden wie Respekt, Achtsamkeit, Genügsamkeit, Freigebigkeit rational begründen, hat jedoch nicht genug motivierende Kraft, entsprechendes Handeln auch zu bewirken, zumal dann, wenn es mit Unbequemlichkeiten oder gar spürbaren Opfern verbunden ist. Dazu ist etwas anderes nötig, das nicht nur über den Kopf läuft, sondern tiefer reicht, bis in die Haltung, den Habitus, in die Gefühle hinein, ins Schauen, in die Fingerspitzen, in die Routine hinein: eben eine ökologische Spiritualität und eine gemeinsam geübte ökologische Lebenshaltung. Sie kann die Motivation, den Willen und die Kraft verleihen, die Erde zu schützen.

Papst Franziskus hat in seiner Enzyklika *Laudato si'. Über die Sorge für das gemeinsame Haus* dazu Entscheidendes gesagt. Weil es um unser aller gemeinsames Lebenshaus (*oikos*) geht, hat er sich nicht nur an Katholiken und Christen, sondern „an jeden Menschen" auf diesem Planeten gewandt. In einfacher, bewegender Sprache hat er wegweisende Perspektiven für eine „Ökologische Erziehung und Spiritualität" entfaltet.

Während bisherige Kommentare zur Enzyklika mehr auf die sozialen Aspekte abhoben, konzentriert sich jetzt der Biologe und Theologe Franz Neidl in seinem hier vorliegenden schönen Werk endlich auf das „Herzstück" und den roten Faden der Enzyklika, nämlich auf die „ökologische Spiritualität". Franz Neidl bringt in der Enzyklika die Elemente zum Leuchten, die eine ökologische Grundeinstellung zur Erde, zur Natur, zu Tieren, Pflanzen, kleinsten Lebewesen ausmachen, eine Grundeinstellung, die unseren heute vorherrschenden objektivierend-instrumentellen Umgang mit allem öffnet für ein ganzheitlicheres Leben und Erziehen, welches das Leibhaftig-Sinnliche und das Innerlich-Geistige wieder zusammenbringt und welches zu Staunen und Dankbarkeit einlädt.

Die Absicht dieses Buches

Ich gehe davon aus, dass sich nicht viele Menschen für päpstliche Enzykliken interessieren. Diese stehen im „Geruch", dass sie nur für den höheren Klerus bestimmt sind. Sie haben meistens einen kurzen lateinischen Namen und behandeln spezifische Fragen des christlichen Glaubens. Die Enzyklika *Laudato si'. Über die Sorge für das gemeinsame Haus* ist hingegen etwas Besonderes – eine Ausnahme in vielfacher Hinsicht. Sie wendet sich „an jeden Menschen, der auf diesem Planeten wohnt" (LS 3) und spricht in einer leicht verständlichen und bildvollen Sprache. Außerdem ist sie die erste Enzyklika der katholischen Kirche, die die Beziehung des Menschen zur Natur auf ausführliche Weise behandelt. Sie hat Themen zum Inhalt, die für die gesamte Menschheit wichtig sind: Klimawandel, Umweltverschmutzung, Verlust der biologischen Vielfalt, die soziale Situation der Armen in der Welt. Das sind sicherlich genügend Gründe, um dieses Dokument zu lesen!

Mich persönlich hat die Enzyklika zusätzlich noch aus einem anderen Grund begeistert. Als junger Mensch studierte ich Theologie und mit vierzig Jahren verwirklichte ich einen lang gehegten Wunsch, setzte mich auf die Schulbank und studierte an der Universität Biologie: Hauptfach Limnologie (Ökologie der Flüsse und Seen), Nebenfach Mikrobiologie. Als ich in der Enzyklika die Stellen las, in denen der Papst von der Wichtigkeit des Planktons (LS 40) und von den Fischen, Algen, Pilzen und Würmern sprach (LS 41, 34), fühlte ich mich auch als Biologe ganz in meiner Welt und wurde sehr von der Offenheit des Dokumentes angesprochen. Wann spricht schon ein kirchliches Dokument über das Plankton! Schnell fasste ich daher den Entschluss, die Enzyklika auch intensiv zu studieren und ein Buch zu schreiben. Außerdem war dies eine willkommene Gelegenheit, in mir selbst zu einer Synthese der beiden absolvierten Studienfächer Theologie und Biologie zu kommen. Auch konnte ich dabei die neuesten Entwicklungen in der Theologie der Schöpfung erfahren – ein Gebiet, das erst in letzter Zeit größere Beachtung erhalten hat!

Bei der Durchsicht der bisherigen Kommentare zu diesem geschichtlich bedeutsamen päpstlichen Rundschreiben bemerkte ich, dass diese vorwiegend ihre Aufmerksamkeit auf die sozialen Aussagen richteten. Auf den ersten Blick ist es nämlich eine große Besonderheit des Textes, dass er die ökologischen Aussagen ganz im Zusammenhang mit der sozialen Situation, insbesondere die der Armen, sieht. Darin liegt sicherlich eine der Hauptstärken der Enzyklika: Biologen sehen meistens nur die Biologie, Meteorologen nur die Meteorologie, Soziologen nur die Soziologie usw. Eine Zusammenschau ist dringend nötig, denn auch der Mensch ist ein Lebewesen, das eines Schutzes bedarf!

Das eigentliche „Herzstück" der Enzyklika ist aber meiner Meinung nach das Thema der ökologischen Spiritualität.Es freut mich, dass ich mit dieser Ansicht nicht alleine bin (Rosenberger 2016, 78). Die ökologische Spiritualität wird hauptsächlich im sechsten Kapitel der Enzyklika behandelt, das die Überschrift trägt: „Ökologische Erziehung und Spiritualität". Freilich, bei einer genaueren Analyse der gesamten Texte der

Enzyklika findet man auch in den vorhergehenden Kapiteln Themen, die sich wie ein roter Faden durch das Rundschreiben ziehen und einen engen Bezug zur ökologischen Spiritualität haben. Papst Franziskus selbst macht in LS 16 auf einige dieser Themen aufmerksam. Deshalb habe ich aus der ganzen Enzyklika – nicht nur aus dem sechsten Kapitel – Stellen herausgesucht und kommentiert, die meiner Meinung nach für das Thema dieses Buches wichtig sind. Auf diese Weise ergaben sich zwanzig kleine Kapitel, die aber nicht der Reihe nach gelesen werden müssen. Man kann jeweils ein Kapitel herausnehmen, für das man im Augenblick Interesse spürt.

Wer den Text der ganzen Enzyklika lesen will, kann ihn auch gratis aus dem Internet herunterladen.[1] Es handelt sich allerdings um 212 Seiten im PDF-Format. Bequemer ist es, sich den Text als Buch zu kaufen.

I. Die Notwendigkeit der ökologischen Spiritualität

Ich möchte den Christen einige Leitlinien ökologischer Spiritualität vorschlagen, die aus den Überzeugungen unseres Glaubens entspringen, denn was das Evangelium uns lehrt, hat Konsequenzen für unsere Art zu denken, zu empfinden und zu leben. Es geht darum, nicht so sehr über Ideen, sondern vor allem über die Beweggründe zu sprechen, die sich aus der Spiritualität ergeben, um eine Leidenschaft für den Umweltschutz zu fördern. Denn es wird nicht möglich sein, sich für große Dinge zu engagieren allein mit Lehren, ohne eine „Mystik", die uns beseelt, ohne „innere Beweggründe, die das persönliche und gemeinschaftliche Handeln anspornen, motivieren, ermutigen und ihm Sinn verleihen". Wir müssen zugeben, dass wir Christen den Reichtum, den Gott der Kirche geschenkt hat, nicht immer aufgenommen und weiterentwickelt haben – ein Reichtum, in dem die Spiritualität nicht von der Leiblichkeit, noch von der Natur oder den Wirklichkeiten dieser Welt getrennt ist, sondern damit und darin gelebt wird, in Gemeinschaft mit allem, was uns umgibt. **(LS 216)**

Es handelt sich hier um eine der wichtigsten Textstellen im Gesamtzusammenhang der Enzyklika. Papst Franziskus gebraucht in seinem Weltrundschreiben dreizehnmal ausdrücklich das Wort „Umkehr", und insgesamt fordert er die

Menschen mit verschiedenen Worten an 55 Stellen zur Änderung ihres Lebensstiles auf (Birkel 2016, 5–13). Er hat daher sehr realistisch angenommen, dass solche tiefgehenden Umstellungen allein durch wiederholte Aufforderungen nicht zu erreichen sind. Eine Veränderung der Außenwelt kann in diesem Fall aber nur durch die Veränderung der Innenwelt bewirkt werden. Es muss im Menschen selbst eine innere Bereitschaft zu dieser Änderung entstehen und wachsen, eine Begeisterung, die dies möglich macht. Es sind daher Motivationen notwendig. Der Papst spricht von einer „Mystik", die uns beseelen soll.[2] Mit anderen Worten: eine Spiritualität ist unbedingt notwendig!

Freilich, das Wort „Spiritualität" ist im kirchlichen Gebrauch ziemlich neu. Es wurde ungefähr vor siebzig Jahren aus dem Bereich des Ordenslebens aus französischsprachigen Ländern „importiert". Früher hat man das Gemeinte schlicht und einfach „Frömmigkeit" genannt.[3] Die Wörter „fromm" und „Frömmigkeit" würden heutzutage aber eher altmodisch klingen. Allerdings wird das Wort Spiritualität im zeitgenössischen Sprachgebrauch nicht nur auf streng religiösem Gebiet verwendet. Es ist, wie einige gesagt haben, zu einem „Container-Begriff" geworden. Man weiß also nicht immer, was in einem „Container" alles enthalten ist. So wird „Spiritualität" jetzt auch auf dem Gebiet der Wellness, der alternativen Heilverfahren, der Personalentwicklung, der Therapie und des Stressabbaues gebraucht. Spiritualität im weitesten Sinne ist sicherlich als Suche nach Sinn und Bedeutung in der chaotischen Welt zu verstehen. Leo Karrer, ein schweizer Pastoraltheologe, schreibt dazu: „Die Sehnsucht nach Ganzheitlichkeit sucht nach einer Spiritualität, die den

Menschen weder auf seine Geistigkeit oder Seele noch auf seine Leiblichkeit reduziert, sondern die ganzheitliche Einheit des Menschen und seinen Ort im Ganzen berücksichtigt.“ (Karrer 2006, 348). Die Frage bei der Spiritualität ist die: Von welchem Geist (lat. *spiritus* = Geist) lasse ich mich leiten?

Wohl um sicherzugehen, dass der allzu elastische Begriff „Spiritualität“ im Rahmen der Enzyklika auch richtig verstanden wird, spezifiziert Papst Franziskus, dass sich eine christliche Spiritualität aus dem Evangelium nährt: „Ich möchte den Christen einige Leitlinien ökologischer Spiritualität vorschlagen, die aus den Überzeugungen unseres Glaubens entspringen, denn was das Evangelium uns lehrt, hat Konsequenzen für unsere Art zu denken, zu empfinden und zu leben.“ Im selben Zusammenhang spricht er auch vom großen Reichtum dieser Spiritualität, der im Laufe von zwanzig Jahrhunderten sowohl aus persönlichen als auch aus gemeinschaftlichen Erfahrungen hervorgegangen ist. Diesen Reichtum betrachtet er in einer geschichtlichen Perspektive und sieht deshalb auch einige Mängel. So schreibt er: „Wir müssen zugeben, dass wir Christen den Reichtum, den Gott der Kirche geschenkt hat, nicht immer aufgenommen und weiterentwickelt haben.“ (LS 216) Insbesondere führt er vier Punkte an, die zu kurz gekommen sind: 1. die Leiblichkeit, 2. die Natur, 3. die Wirklichkeit dieser Welt (Ich glaube, dass man hier etwa an soziale Ungerechtigkeiten und an die gegenwärtige Armut vieler Menschen denken kann), 4. die Gemeinschaft (ebd.).

Bereits während des Zweiten Vatikanischen Konzils wurde deutlich, dass sich die christliche Spiritualität erneuern muss. Pater Friedrich Wulf S. J., der langjährige Herausgeber der Zeitschrift *Geist und Leben*, schrieb 1969 unter dem Eindruck des Konzils: „Wir sehen heute deutlich, dass unsere Frömmigkeit zu introvertiert und zu einseitig auf die absolute, von Gott erwartete Zukunft, auf das ewige Leben ausgerichtet war, und wir darum unsere Weltaufgabe nicht genügend in unsere Spiritualität eingebracht haben." (Wulf 1969, 355) Wulf betonte damals, dass wir uns um mehr „Welthaftigkeit" bemühen müssen.

Kürzlich hat auch der evangelische Theologe Jürgen Moltmann in seinem Buch *Hoffen und Denken: Beiträge zur Zukunft der Theologie* auf die einseitige Jenseitsbetonung aufmerksam gemacht. Er spricht von einer Spiritualität des Himmels und des Jenseits. Damit wird die Erde entwertet. Er bemängelt, dass das irdische Leben nicht genug geachtet wird, wenn man es als „Jammertal" verachtet, und schreibt: „Sind die Gläubigen nur zu Gast auf dieser Erde, dann sind sie für das Gasthaus nicht verantwortlich." (Moltmann 2016, 24)

Papst Franziskus betrachtet die Erde nicht als „Gasthaus", für das die Benützer nicht verantwortlich sind – um das Bild von Jürgen Moltmann zu gebrauchen. Schon der Untertitel der Enzyklika lautet: „Über die Sorge für das gemeinsame Haus". Die Überschrift des ersten Kapitels lautet: „Was unserem Haus widerfährt". Immer wieder betont er, dass uns Gott dieses Haus anvertraut hat (vgl. LS 1, 3, 13, 17, 21, 53, 63, 155, 164, 233, 244).

Papst Franziskus geht in der Enzyklika auch auf das Thema des Leibes und der Leiblichkeit ein (LS 235). Besonders intensiv wird aber das Thema der Gemeinschaft behandelt. Man könnte viele diesbezügliche Stellen zitieren. Ich will aber hier nur auf zwei relativ unbekannte Gesichtspunkte hinweisen. Zunächst auf die universale Geschwisterlichkeit, die sicherlich zu den wichtigsten Themen der Enzyklika gehört (LS 89), und dann auf die Aussage des Papstes: „Auf soziale Probleme muss mit Netzen der Gemeinschaft reagiert werden, nicht mit der bloßen Summe individueller positiver Beiträge“ (LS 219)

Noch etwas ist wichtig in diesem Textzitat der Enzyklika. Der Papst gibt in der Fußnote 151 Auskunft über seine Vorgehensweise, seinen „Fahrplan“, um eine ökologische Umkehr vorzuschlagen. Der Hinweis bezieht sich auf sein Apostolisches Schreiben *Evangelii gaudium. Über die Verkündigung des Evangeliums in der Welt von heute.* Die Adressaten sind nicht alle Menschen oder die Menschen guten Willens, sondern diejenigen, die bereits an Christus glauben. Da der Wortlaut des Textes in der Fußnote nicht zitiert wird, will ich hier wenigstens den wichtigsten Teil anführen: „Vom Gesichtspunkt der Evangelisierung aus nützen weder mystische Angebote ohne ein starkes soziales und missionarisches Engagement noch soziales oder pastorales Reden und Handeln ohne eine Spiritualität, die das Herz verwandelt. Diese aufspaltenden Teilangebote erreichen nur kleine Gruppen und haben keine weitreichende Durchschlagskraft, da sie das Evangelium verstümmeln. Immer ist es notwendig, einen inneren Raum zu pflegen, der dem Engagement und der Tätigkeit einen christlichen Sinn verleiht.“ (EG 261) Man kann diesen Text so verstehen, dass der Papst das praktische Tun immer auch mit der Lehre des Glaubens – und auch umgekehrt – verbinden will. Diese „Zweispurigkeit“ begegnet uns überall – wo es möglich ist – in der Enzyklika. Um Beispiele zu nennen:

Wenn er von der Dankbarkeit spricht, erwähnt er auch die Notwendigkeit des Tischgebetes; wenn von der ökologischen Umkehr die Rede ist, erwähnt er auch die Mülltrennung. Dieses Vorgehen wurde wohl von einigen Kritikern der Enzyklika nicht verstanden (Kissler 2015). Franziskus wollte keine praktischen „Tipps“ für die Mülltrennung geben, er wollte vielmehr, dass die „Mystik“ immer auch mit einer noch so geringen Praxis verbunden bleibt und dass das Mülltrennen auch einen Hauch von „Mystik“ abbekommen kann.

II. Sich öffnen für das Staunen

***Sein Zeugnis zeigt uns auch, dass eine ganzheitliche Ökologie eine Offenheit gegenüber Kategorien verlangt, die über die Sprache der Mathematik oder der Biologie hinausgehen und uns mit dem Eigentlichen des Menschen verbinden [...]. Wenn wir uns der Natur und der Umwelt ohne diese Offenheit für das Staunen und das Wunder nähern, wenn wir in unserer Beziehung zur Welt nicht mehr die Sprache der Brüderlichkeit und der Schönheit sprechen, wird unser Verhalten das des Herrschers, des Konsumenten oder des bloßen Ausbeuters der Ressourcen sein, der unfähig ist, seinen unmittelbaren Interessen eine Grenze zu setzen.* (LS 11)**

Papst Franziskus spricht an fünf Stellen der Enzyklika über das Staunen. Dieses Thema zieht sich wie ein roter Faden – angefangen vom Beginn (LS 11) bis zum Ende (LS 243) – durch sein Schreiben. Unmittelbar vor unserem Text weist er in LS 10 auf den heiligen Franziskus hin, der für ihn „eine Art Leitbild" und ein Beispiel „für eine froh und authentisch gelebte ganzheitlich gelebte Ökologie" ist. Sein Zeugnis zeigt uns, dass eine solche Ökologie eine Offenheit gegenüber Kategorien verlangt, „die über die Sprache der Mathematik oder der Biologie hinausgehen und uns mit dem Eigentlichen des Menschen verbinden" (LS 11).

Die Offenheit für das Staunen gehört sicherlich zu dem „Eigentlichen des Menschen". Das Staunen kann man nur beim Menschen finden. Deswegen hat sich die abendländische Philosophie seit Jahrhunderten gerade mit diesem Thema beschäftigt, und man betrachtete das Staunen als den Anfang der Philosophie.

Zwei griechische Philosophen prägten die Auffassungen über das Staunen. Aristoteles (384 v. Chr. –322 v. Chr.) sieht das Staunen als eine Folge der menschlichen Unwissenheit. Dadurch entsteht das verwunderte Staunen, das durch die Anstrengung des Menschen beseitigt werden kann. Diese Verwunderung ist die Triebfeder der Naturwissenschaft. Allerdings kann man sich nur wundern, wenn man glaubt, schon etwas zu wissen, aber bestimmte Dinge nicht in dieses Wissen einordnen kann.

Die zweite Richtung, die das abendländische Denken über das Staunen beeinflusste, war das bewundernde Staunen. Platon (428 v. Chr. – 348 v. Chr.) bezog sich nicht auf den Menschen, sondern auf die Objekte der Erkenntnis, insofern sie eine wichtige Stelle in der Seinshierarchie einnehmen. Nach der mythologischen Welterklärung Platons hat der Mensch durch das Staunen einen Zugang zu den göttlichen Ideen. Nicht umsonst wird das Staunen bei ihm mit der Götterbotin Isis in Beziehung gebracht. Diese überbringt die Botschaften der Götter zu den Menschen und die Bitten und Danksagungen der Menschen zu den Göttern. Das Staunen ist bei Platon kein einfaches Nichtbegreifen und bezieht sich daher nicht nur auf die Vernunft. Es drückt andauernde Bewunderung aus. Die Positionen von Platon und Aristoteles hatten dann in der christlichen Philosophie einen großen Einfluss.

In den letzten Jahrzehnten betonte die Philosophie besonders die Tatsache, dass das Staunen eher eine passive Erfahrung ist. „Das Staunen überfällt den Menschen unerwartet und ungesucht. Es ist kein Tun, sondern eher ein Erleiden.“ (Bollnow 1990) Bereits unsere Sprache bringt dies zum Ausdruck. Man wird vom Staunen „überwältigt“, so wie man von einem Lächeln „hingerissen“ oder von einer Schönheit „bezaubert“ wird. Die bekannte evangelische Theologin Dorothee Sölle spricht von einem „Weggetragen-Werden“, also einem mystischen Aspekt des Staunens (Sölle 1997, 122–126). In einem gewissen Maße handelt es sich hier um eine Entmachtung des Ego. Nach dem Philosophen Ernst Tugendhat tut dies dem modernen Menschen gut, da dieser ja viel zu viel mit seiner eigenen Person beschäftigt ist (Tugendhat 2003). Der Mensch wird herausgerissen aus seinen Gewohnheiten. Papst Johannes Paul II. macht uns in seiner Enzyklika *Fides et ratio* darauf aufmerksam, dass uns das Staunen aus einer einseitigen und ichbezogenen Sicht der Welt befreien kann. Es weckt uns aus der Routine des „Dahinlebens“ auf. Er schreibt: „Ohne das Staunen würde der Mensch in die Monotonie der Wiederholung verfallen und sehr bald einer wirklichen Existenz als Person unfähig werden.“ (FR 4)

Doch bei näherem Nachdenken entsteht hier ein Problem: Wenn das Staunen eher ein Erleiden ist, können wir es als solches auch nicht planen und auch nicht lernen. Falls es eine Reaktion auf eine Überraschung ist, kann ich niemals sagen: „Ich will heute Nachmittag staunen.“ Um eine Antwort auf diese Frage zu finden, muss man etwas weiter ausholen und eine Beantwortung auf die Frage finden, unter welchen Bedingungen das Staunen in uns überhaupt entstehen kann. Staunen ist nämlich abhängig von der Qualität unserer Wahrnehmung der Natur. Staunen kann man als eine „überraschte Wahrnehmung“ definieren (Waldenfels 2001, 24).

Otto Friedrich Bollnow beschreibt hier eine Vorbedingung: „Um aber die Sprache der Natur zu vernehmen, müssen auf der Seite des Menschen bestimmte Vorbedingungen erfüllt sein. Er muss darauf verzichten, die Natur weiter als ‚Sache', d. h. als bloßes Objekt, über das er beliebig verfügen kann, zu betrachten; denn nur, wo die Vitalinteressen schweigen, kann das, was die Natur darbietet, als ‚Eindruck' wirksam werden. Denn wie sollte, wo der animalische Instinkt die Führung hat oder an sich reißt, das Eigenwesen des Gegenüber zu Worte kommen?" (Bollnow 1990) Das dürfte auch exakt das sein, was Papst Franziskus in LS 11 sagen will: Er sagt nämlich, dass wir offen sein sollen: „Wenn wir uns der Natur und der Umwelt ohne diese Offenheit für das Staunen und das Wunder nähern [...], wird unser Verhalten das des Herrschers, des Konsumenten oder des bloßen Ausbeuters der Ressourcen sein, der unfähig ist, seinen unmittelbaren Interessen eine Grenze zu setzen." Mit anderen deutlichen Worten: Wenn ich die Natur nur als ein für mich verfügbares Material sehe, werde ich kaum zum Staunen fähig sein.

Dorothee Sölle hat sich in ihrem Buch *Mystik und Widerstand* sehr eindringlich mit der Frage auseinandergesetzt, ob das Staunen lernbar ist. Sie schreibt: „Einübung ins Staunen ist zugleich ein Anfang des Sich-selber-Verlassens, eine andere Freiheit von den eigenen Ängsten. Das Loslassen-Lernen beginnt mit einfachen Fragen: Was nehme ich wahr? Was lasse ich nicht an mich heran? Was berührt mich? Was wähle ich aus?" (Sölle 1997, 126) Unsere Interessen haben einen großen Einfluss auf unsere Wahrnehmung. Wir liegen falsch, wenn wir glauben, dass unsere Wahrnehmung etwas Objektives sei. Zur Wahrnehmung gehören immer zwei Faktoren:

das Objekt und das Subjekt, d. h. auch der Mensch mit all seinen Interessen, Gefühlen, Zuständen, mit seiner ganzen Lebensgeschichte und seinen ganzen Erfahrungen. Unsere Wahrnehmung hat immer einen aktiven Charakter. Darauf deutet schon das „Nehmen“ im deutschen Wort „Wahrnehmung“ hin. Damit wir von der Überzahl unserer Sinneseindrücke nicht überwältigt und verwirrt werden, wählen wir immer auch unbewusst aus. Wenn ich aber mit dem Filter in meinem Kopf „nichts Neues unter der Sonne“ durch mein Leben reise, werde ich schwerlich etwas Neues und Staunenswertes finden. Der Filter kann auch darin bestehen, dass ich nur das sehen und wahrhaben will, was die biologische Wissenschaft in den Lebewesen wahrnimmt. Wenn ich mich etwa damit begnüge, welchen lateinischen wissenschaftlichen Namen eine Pflanze hat – und damit basta! –, dann sehe ich nicht ihre Schönheit, die interessante Geschichte ihrer Ausbreitung usw. Papst Franziskus sagt in unserem Text, dass wir auch eine Offenheit gegenüber Kategorien haben sollen, „die über die Sprache der Mathematik und der Biologie hinausgehen“. Da ich auch als Biologe in dieser Hinsicht gefährdet bin, dass ich mich allzu leicht mit dem lateinischen Namen zufriedengebe, denke ich oft an den berühmten und oft zitierten Satz von Ludwig Wittgenstein: „Zum Staunen muss der Mensch [...] aufwachen. Die Wissenschaft ist ein Mittel, um ihn wieder einzuschläfern.“ (Meyer-Drawe 2011, 196)

Noch etwas braucht es, um staunen zu können: Zeit und Ruhe! Wir müssen uns bemühen, die Dinge gut wahrzunehmen! Wenn man unter Zeitdruck steht und krampfhaft auf ein Ziel ausgerichtet ist, ist Staunen kaum möglich. Diese

Erfahrung mache ich immer wieder, wenn ich mit meiner Spiegelreflexkamera unterwegs bin. Unter Zeitdruck entgehen mir die schönsten fotografischen Motive. Manchmal ist – nicht nur beim Fotografieren – eine Art Absichtslosigkeit notwendig. Diese bedeutet nicht Passivität, sondern ein Offensein und eine Empfänglichkeit. Manche Autoren haben dies mit paradox erscheinenden Ausdrücken benannt: „ein interesseloses Interesse“ oder „eine unangestrengte Offenheit“. Um wirklich offen zu sein, muss man manchmal seine Lieblingsvorstellungen und Wünsche beiseiteschieben.

Ein Hindernis für das Staunen ist auch unsere Gewöhnung an die Dinge. Wenn die Sterne nicht alle Nächte erscheinen würden, sondern nur alle tausend Jahre – welche Begeisterung würde ihnen entgegengebracht werden! Für Kleinkinder aber ist alles neu. Von ihnen können wir lernen. Aber können wir „werden wie die Kinder“? Eine kleine Hilfe kann es sein, wenn wir die Natur mit „einem fremden Blick“ beobachten, d. h., wenn wir eine ungewohnte Perspektive benützen. Etwa wenn wir im Mikroskop Organismen beobachten und fotografieren (wie ich dies seit Jahren versuche). Öfters komme ich dabei aus dem Staunen nicht heraus.

Auf jeden Fall ist es notwendig, manchmal den Bildschirm des Fernsehers oder des Computers hinter uns verwaist zurückzulassen und in die Natur zu gehen – mit einer großen Offenheit für das Staunen! Geh aus, mein Herz, und suche Freud, in dieser lieben Sommerzeit ...

III. Die Welt ist mehr als ein zu lösendes Problem

***Die Welt ist mehr als ein zu lösendes Problem, sie ist ein freudiges Geheimnis, das wir mit frohem Lob betrachten.* (LS 12)**

Die Enzyklika ist ein sehr ernster Aufruf, die Einstellung gegenüber unserer Umwelt zu ändern. Der Papst will aber kein Katastrophen-Szenario zeichnen. Damit würde er die in unserer Gesellschaft bereits vorhandene Angst vor der Natur nur verstärken. Wenn einseitig nur von den Gefahren die Rede ist, etwa von den wachsenden Ozonlöchern, dem zunehmenden Treibhauseffekt, den jetzt öfters wütenden Orkanen, und nicht auch von den Möglichkeiten des Menschen, etwas dagegen zu unternehmen, wird man im Sinne des Selbstschutzes von diesen Themen gar nichts mehr hören wollen. Das Gegengewicht gegen die Ängste sind aber die Gefühle der Freude. Die Welt ist auch „ein freudiges Geheimnis, das wir mit frohem Lob betrachten". Nur ein Mensch, der auch Freude hat an der Natur, wird sich für den Schutz der Umwelt einsetzen. Naturschutz ist nicht nur eine Sache des Verstandes und des Wissens, sondern vor allem eine Sache der Gefühle. Ein rein intellektuelles Bescheidwissen nützt nicht viel. Ein paar lateinische Gattungs- und Artnamen sind nur für den Spezialisten interessant. Das Vergnügen, die Natur hautnah zu erleben, leistet mehr als Bücher, Folien und Museen.

Beunruhigend ist sicherlich die Tatsache, dass viele Kinder – zumindest hier in Europa – bereits große Ängste vor der

Natur haben. In meinem Bekanntenkreis ist dies der Fall. Als ich kürzlich einigen Kindern einen schönen großen Palmrüsselkäfer, der sich in unseren Garten verirrt hatte, zeigen wollte, rannten sie angsterfüllt und schreiend davon. Ich selbst war schockiert durch dieses Verhalten. Die Entfremdung von der Natur ist bereits weit gediehen. Zu Hause haben diese Kinder Angst vor den schädlichen Bakterien. Diese werden von einer übergroßen Zahl von chemischen Mitteln, die in den Badezimmern bereitstehen, beseitigt. Die Kinder dürfen sich nicht schmutzig machen und schon gar nicht im Dreck spielen. Sie haben keine Zeit, sich mit der Natur selbstständig zu befassen. Ihr Leben ist voll verplant: die Schule, das Fernsehen, Stunden für den Klavier- oder Geigenunterricht, Englisch lernen, Theaterspielen usw. Wenn dann doch etwas Zeit übrig bleibt, kann man mit seinem Handy spielen. Die Mütter sind sehr oft überbesorgt und bleiben telefonisch mit den Kindern im Kontakt.

Natürlich müssen die Kinder vor Gefahren beschützt werden, aber es gehört nun einmal zum Wesen eines jungen Menschen, dass er die Welt erkunden und kennenlernen muss. Je weiter dann die Entfremdung von der Natur fortgeschritten ist, umso schwieriger wird es für die Kinder, sich selbst vor den Gefahren der Natur zu schützen.

Papst Franziskus zeigt in der Enzyklika hingegen eine große Zuversicht. In LS 13 schreibt er: „Die Menschheit besitzt noch die Fähigkeit zusammenzuarbeiten, um unser gemeinsames Haus aufzubauen." Und in LS 205 heißt es:

Trotzdem ist nicht alles verloren, denn die Menschen, die fähig sind, sich bis zum Äußersten herabzuwürdigen, können sich auch beherrschen, sich wieder für das Gute entscheiden und sich bes-

sern, über alle geistigen und sozialen Konditionierungen hinweg, die sich ihnen aufdrängen. Sie sind fähig, sich selbst ehrlich zu betrachten, ihren eigenen Überdruss aufzudecken und neue Wege zur wahren Freiheit einzuschlagen. Es gibt keine Systeme, die die Offenheit für das Gute, die Wahrheit und die Schönheit vollkommen zunichte machen und die Fähigkeit aufheben, dem zu entsprechen. Diese Fähigkeit ist es ja, der Gott von der Tiefe des menschlichen Herzens aus fortwährend Antrieb verleiht.

Den Sinn des Satzes „Die Welt ist mehr als ein zu lösendes Problem“ kann man auch „umdrehen“ und sagen: Die Welt (die Natur) hilft, die bereits vorhandenen Probleme zu lösen. Ich denke hier an folgende Erfahrungen: Während meiner beruflichen Tätigkeiten hatte ich das Glück, in der Nähe meiner Wohnung jeweils eine große Wiese zu kennen. Wenn ich bei meiner Arbeit Schwierigkeiten hatte – und das war nicht einmal oder zweimal der Fall –, ging ich auf „meiner“ Wiese spazieren. Auch wenn sich keine sofortigen Lösungen einstellten, wurde ich wenigstens durch die gute Luft gestärkt und wurde nicht mutlos. Die „Freundschaft“ mit meiner letzten Wiese wurde sogar so intensiv, dass daraus ein veröffentlichtes Buch wurde (Neidl 2002).

Die Natur, besonders eine Landschaft, die wir sehr lieben, hat einen positiven Einfluss auf unsere Gesundheit. Papst Franziskus schreibt:

Die Geschichte der eigenen Freundschaft mit Gott entwickelt sich immer in einem geografischen Raum, der sich in ein ganz persönliches Zeichen verwandelt, und jeder von uns bewahrt in seinem Gedächtnis Orte, deren Erinnerung ihm sehr gut tut. (LS 84)

IV. Liebevolle Aufmerksamkeit

Wir sprechen von einer Haltung des Herzens, das alles mit gelassener Aufmerksamkeit erlebt; das versteht, jemandem gegenüber ganz da zu sein, ohne schon an das zu denken, was danach kommt; das sich jedem Moment widmet wie einem göttlichen Geschenk, das voll und ganz erlebt werden muss. Jesus lehrte uns diese Haltung, als er uns einlud, die Lilien des Feldes und die Vögel des Himmels zu betrachten, oder als er in der Gegenwart eines unruhigen Mannes diesen ansah und ihn liebte (vgl. Mk 10,21). (LS 226)

Für Papst Franziskus ist das Thema „Aufmerksamkeit" äußerst wichtig. Elfmal finden wir in der deutschen Übersetzung das Wort „Aufmerksamkeit" und fünfmal das Wort „Achtsamkeit". Wobei zu beachten ist, dass die Achtsamkeit eine intensive und liebevolle Form der Aufmerksamkeit ist, welche nicht wertet und etikettiert. Das „Sein-lassen" der Dinge wird als tiefe Gelassenheit erlebt und als Mitgefühl empfunden. In der vorliegenden Textstelle wird die Aufmerksamkeit durch diese Qualifikationen beschrieben (eine „Haltung des Herzens" usw.), und man kann sie daher ebenfalls als Achtsamkeit bezeichnen.[4]

Die Achtsamkeit darf nicht mit der Konzentration verwechselt werden. Bei ihr ist nämlich der Wahrnehmungsfokus verengt und fest auf ein Ziel gerichtet. Konzentration ist Ausschließung, während Achtsamkeit nichts ausschließt.

Die Aufmerksamkeit ist ein Gut, das in unserer Gesellschaft sehr selten geworden ist. Wir haben einen Überfluss an Informationen und eine zunehmende Knappheit an Aufmerksamkeit. So knapp, dass man sie überall zu messen beginnt. Im Internet wird gemessen, wie oft eine Information „angeklickt“ wird. Im Fernsehen mit seinen vielfältigen Kanälen und Programmen zählt man die Einschaltquoten. Bei den Büchern gibt es die Auflagenzahlen. In der Reklame wird die Erregung, die Bindung und die Steuerung der Aufmerksamkeit sehr sorgfältig studiert und angewendet. Ein Beispiel: Bereits kleine Kinder wissen dann genau, von welcher Marke die neuen Schuhe unbedingt sein müssen. Schuhe als solche genügen dann nicht mehr. Die Suche nach Informationen wird – auch im Internet – immer mehr an die Geldwirtschaft gekoppelt.

Wie nie zuvor wird das menschliche Gehirn von Reizen bombardiert, und oft müssen mehrere Dinge gleichzeitig und schnell erledigt werden. Das Gehirn schützt sich sehr oft durch Geistesabwesenheit vor diesem Stress. Wir schalten gewissermaßen auf den Autopiloten. In sozialen Kontakten entwickeln sich Unachtsamkeit, Unfähigkeit des Zuhörens und Monologe statt Dialoge.

Als Christen sind wir aufgerufen, auch auf unsere Wahrnehmung zu achten und das Beispiel Christi nachzuahmen. In der vorliegenden Textstelle der Enzyklika werden zwei Gebiete angegeben, auf die wir die Aufmerksamkeit richten sollen: 1. Die Natur; als Beispiele werden die Lilien des Feldes und die Vögel angegeben, und 2. die Mitmenschen; als Exempel dient der unruhige, suchende Mensch.

Der aus Ungarn gebürtige Psychologe mit dem (zumindest für mich) schwierig auszusprechenden Namen Mihaly Csikszentmihalyi schreibt in seinem interessanten Buch *Lebe gut! Wie sie das Beste aus ihrem Leben machen:* „Viele Dinge wecken nicht von sich aus unser Interesse, sondern weil wir uns bemüht haben, ihnen Aufmerksamkeit zu schenken. Insekten und Mineralien werden erst dann zu einem faszinierenden Thema, wenn man zum Sammler wird. Auch die meisten Menschen werden erst interessant, wenn wir etwas über ihr Leben und ihr Denken herausgefunden haben ... Die Aufmerksamkeit steuern heißt, das Erleben und damit die Qualität des Lebens zu kontrollieren." (Csikszentmihalyi 2001, 167–168).

Als Christen sind wir aufgefordert, unsere Aufmerksamkeit auf diejenigen zu richten, denen sich Christus zugewendet hat. Dies geschieht sicherlich nicht mit „der Logik der Ökonomie, denn sie wendet denen Aufmerksamkeit zu, die sie z. T. nicht anziehen können und doch, in der Perspektive Jesu Christi betrachtet, verdienen" (Thomas 2003, 98). Der durch seine Publikationen bekannte Psychiater und Neurologe Daniel G. Siegel gebraucht in einem seiner Bücher den Ausdruck: Unser achtsames „Aufmerksamkeit-Schenken" (Siegel 2007, 23). In diesem Sinne kann unsere Aufmerksamkeit für viele Menschen ein sehr kostbares Geschenk sein.

Nach und nach führt die Aufmerksamkeit zu einer sich vertiefenden „Teilnahme an der Wirklichkeit, an dem, was über das eigene beschränkte Ich hinausführt: an der Umwelt, den Mitmenschen und schließlich an der Sphäre der Transzendenz" (Kather 2001).

Wenn jemand wenig zur Aufmerksamkeit fähig ist, ist er umso mehr auf Außenreize, d. h. auf Zerstreuung, angewiesen. „Die innere Sammlung hingegen gepaart mit Achtsamkeit wirkt der Trägheit, der eigenen Schwere und Zerstreuung entgegen und erzeugt eine allmähliche Steigerung der Erlebnisintensität." (Kather 2001)

Allerdings wäre es grundsätzlich falsch, wenn wir uns beschränken würden, unsere Aufmerksamkeiten nur auf die Mitmenschen und auf die Natur zu richten. Wir müssen uns auch darum bemühen zu erkunden, wie es in uns selbst aussieht. Deshalb schreibt Papst Franziskus in LS 225:

Andererseits kann kein Mensch in einer zufriedenen Genügsamkeit reifen, wenn er nicht im Frieden mit sich selber lebt. Ein rechtes Verständnis der Spiritualität besteht zum Teil darin, unseren Begriff von Frieden zu erweitern, der viel mehr ist als das Nichtvorhandensein von Krieg. Der innere Friede der Menschen hat viel zu tun mit der Pflege der Ökologie und mit dem Gemeinwohl, denn wenn er authentisch gelebt wird, spiegelt er sich in einem ausgeglichenen Lebensstil wider, verbunden mit einer Fähigkeit zum Staunen, die zur Vertiefung des Lebens führt. Die Natur ist voll von Worten der Liebe. Doch wie können wir sie hören mitten im ständigen Lärm, in der fortdauernden und begierigen Zerstreuung oder im Kult der äußeren Erscheinung […]. Eine ganzheitliche Ökologie beinhaltet auch, sich etwas Zeit zu nehmen, um den ruhigen Einklang mit der Schöpfung wiederzugewinnen.

Viele Menschen sind vom Stress geplagt. Die liebevolle Achtsamkeit z. B. in der Form von Meditation gegenüber der eigenen Person kann hier Hilfe schaffen. Die Medizin und die Psychologie nehmen sich in letzter Zeit verstärkt dieses Themas an. Man denke nur an die Stressklinik von Jon Kabat-Zinn (Kabat-Zinn 1990) oder an die Veröffentlichungen des buddhistischen Mönches Tich Nhat Hanh. Viele Kurse und Übungen werden abgehalten.[5] Allerdings ist es wichtig, dass wir dann, wenn wir in uns einen inneren Frieden gefunden haben, auch einen Schritt nach draußen machen. So schreibt Papst Franziskus in LS 208:

Die Grundhaltung des Sich-selbst-Überschreitens, indem man das abgeschottete Bewusstsein und die Selbstbezogenheit durchbricht, ist die Wurzel der Achtsamkeit gegenüber den anderen und der Umwelt. Und sie ist es auch, die die moralische Reaktion hervorbringt, die Wirkung zu erwägen, die jedes Tun und jede persönliche Entscheidung außerhalb des eigenen Selbst auslöst. Wenn wir fähig sind, den Individualismus zu überwinden, kann sich wirklich ein alternativer Lebensstil entwickeln, und eine bedeutende Veränderung in der Gesellschaft wird möglich.

Der Papst hofft darauf, dass in der Gesellschaft „eine Kultur der Achtsamkeit" entsteht (LS 231).

V. Schöpfung und Natur

Von „Schöpfung" zu sprechen ist für die jüdisch-christliche Überlieferung mehr als von Natur zu sprechen, denn es hat mit einem Plan der Liebe Gottes zu tun, wo jedes Geschöpf einen Wert und eine Bedeutung besitzt. Die Natur wird gewöhnlich als ein System verstanden, das man analysiert, versteht und handhabt, doch die Schöpfung kann nur als ein Geschenk begriffen werden, das aus der offenen Hand des Vaters aller Dinge hervorgeht, als eine Wirklichkeit, die durch die Liebe erleuchtet wird, die uns zu einer allumfassenden Gemeinschaft zusammenruft. (LS 76)

Unsere Welt ist derart kompliziert, oder besser gesagt reichhaltig, dass es nicht möglich ist, sie durch eine einzige Zugangsweise vollständig zu erfassen. Die Naturwissenschaft beschränkt sich in ihrer Methode und fragt nur nach dem, was unsere Sinne wahrnehmen können, was zähl- und messbar ist und auf diese Weise analysiert werden kann. Man betrachtet also nur Teilaspekte der Welt und ihre Kausalzusammenhänge. Man kann nicht leugnen, dass diese Methode sehr erfolgreich ist. Menschen auf den Mond zu transportieren und wieder zurückzusenden ist sicherlich keine einfache Sache.

Doch hat diese naturwissenschaftliche Methode auch Beschränkungen. Sie kann uns keine Zwecke, Werte und Ziele angeben. Wenn es uns gelänge, sämtliche Rätsel der Natur aufzuklären, wären damit die eigentlichen menschlichen

Probleme bezüglich Inhalt und Ziel unseres Daseins nicht einmal berührt. Die Religion hingegen bemüht sich um eine Gesamtansicht unserer Welt und auch um Antworten auf die sogenannten „letzten Fragen“.[6]

Die Lehre von der Schöpfung ist bemüht um eine solche umfassende Sicht der Welt. Sie will eine Antwort geben auf die Frage, warum überhaupt etwas existiert, und ist dabei wenig daran interessiert, seit wann diese Schöpfung bereits existiert, denn „Gott ist (jetzt) genauso Schöpfer wie zur Zeit des Big Bang vor 15 Milliarden Jahren“ (Polkinghorne 2001, 109–110). „Schöpfung“ und „Urknall“ stellen keine Alternative dar, denn „zwischen beiden besteht überhaupt kein notwendiger Zusammenhang“ (Benk 2004, 796). Der seinsmäßige (ontologische) Ursprung steht im Vordergrund. Allerdings stellt diese Art der Schöpfung, wie sie die jüdisch-christliche Überlieferung bekennt, etwas absolut Einzigartiges dar (im Gegensatz zu anderen Religionen). Deshalb kann sich auch der Mensch, der bereits an die Schöpfung durch Gott glaubt, sehr schwer etwas darunter vorstellen. Symbole helfen uns allerdings dabei, uns an diese Lehre ein klein wenig anzunähern. Medard Kehl gibt deshalb in seinem Buch *Und Gott sah, dass es gut war. Eine Theologie der Schöpfung* einige dieser Vorstellungen an: 1. Aus der Natur: Die verlässliche Ordnung des Kosmos und der natürlichen Lebensquellen; 2. die Welt als schönes Kunstwerk und der Schöpfer als Künstler; 3. die Macht des herrscherlichen Willens und der Gehorsam der Dinge; 4. aus der Erfahrung personaler Beziehungen: Geburt und Aufwachsen eines Kindes und die Kunst freigebender Liebe (Kehl 2006, 41–49). Viele biblische Stellen des Alten und des Neuen Testamentes benützen diese Symbole. Diese haben auch stark die Fantasie der Künstler im Laufe der Jahrhunderte beeinflusst.

Papst Franziskus schreibt, dass Gott aus Liebe die Welt erschaffen hat. Die Theologie war davon durch die Jahrhunderte hindurch überzeugt. Man stützte sich dabei auf biblische Stellen wie etwa in Weisheit 11,24–26: „Du liebst alles, was ist, und verabscheust nichts von allem, was du gemacht hast; denn hättest du etwas gehasst, so hättest du es nicht geschaffen." Gott, der die Liebe ist (1 Joh 4,8), erschafft die Welt mit innerer Freiheit, aus überschwänglicher Güte, um sie an der Fülle seines Lebens teilnehmen zu lassen (Kehl 2006, 37–38). Diese Liebe, so schreibt Papst Franziskus, ruft uns zu einer allumfassenden Gemeinschaft zusammen. Ich glaube, dass mit dieser Gemeinschaft nicht in erster Linie die Kirche gemeint ist. Denn allein die Tatsache, dass wir von Gott geschaffen wurden, verbindet uns mit den anderen Menschen – sozusagen als Lebewesen, die den gleichen Ursprung und dieselbe Würde haben, egal, ob sie arm oder reich sind, ob sie aus Afrika oder Europa kommen usw. Man kann sie die „Schöpfungsfamilie" nennen.

Die Erwähnung der Liebe Gottes macht unsere Welt auch etwas „wohnlicher". Wenn man das Universum mit seinem unvorstellbaren Entfernungen etwa in einer sternklaren Nacht betrachtet, kann man dabei – ich schreibe dies aus eigener Erfahrung – auch Ängste bekommen. Ich musste dabei sehr oft an die berühmte und oft zitierte Stelle im Buch des Biologen Jacques Monod, *Zufall und Notwendigkeit*, denken, der sagte, dass der Mensch „seinen Platz wie ein Zigeuner am Rande des Universums hat, das für seine Musik taub ist und gleichgültig gegen seine Hoffnungen, Leiden und Verbrechen" (Monod 1971, 211).

Aufgrund seines Glaubens ist der Mensch aber auch fähig, andere Gedanken beim Anblick der Sterne zu hegen. Ich zitiere aus den selbstbiografischen Schriften der Therese von Lisieux, *Geschichte einer Seele,* folgende Begebenheit. Therese schreibt: „Auf dem Heimweg mit Papa betrachtete ich die glitzernden Sterne, und dieser Anblick entzückte mich. Vor allem eine Gruppe von goldenen Perlen (der Gürtel des Orion) bemerkte ich mit Freude. Ich fand, sie habe die Gestalt eines T, und sagte zu Papa: ‚Sieh doch, mein Name ist in den Himmel geschrieben.'" (Therese vom Kinde Jesus 1958, 38).

VI. Schöpfung und Entmythologisierung der Natur

***Zugleich entmythologisierte das jüdisch-christliche Denken die Natur. Ohne aufzuhören, sie wegen ihrer Pracht und ihrer Unermesslichkeit zu bewundern, schrieb es ihr keinen göttlichen Charakter mehr zu. Auf diese Weise wird unsere Verpflichtung ihr gegenüber noch mehr betont.* (LS 78)**

Worin bestand die Entmythologisierung der Natur? Im Laufe seiner Geschichte vertrat Israel einen Eingottglauben (Monotheismus) im Gegensatz zu einem Vielgottglauben (Polytheismus). Der im Alten Testament bezeugte Gott ist nicht Teil der Natur; er ist vielmehr der Natur gegenüber autonom, unabhängig und transzendent. Im Gegensatz zu den Religionen der benachbarten Länder gab es daher bezüglich der Entstehung der Schöpfung keine Geschichten über die Entstehung Gottes selbst (Theogonie); keinen Kampf von Gottheiten (Theomachie), aus dem die Welt hervorging; keine Zeugung der Welt durch ein Götterpaar (Kraus 1977, 43). Im Unterschied zu dem ägyptischen Sonnenkult und dem Astralkult in Babylonien werden Sonne und Mond nur schlicht als „Lichter am Himmelsgewölbe" betrachtet. Charakteristisch ist die Aussage in Deuteronomium 4,19: „Wenn du die Augen zum Himmel erhebst und das ganze Himmelsheer siehst, die Sonne, den Mond und die Sterne, dann lass dich nicht verführen. Du sollst dich nicht vor ihnen niederwerfen und ihnen nicht dienen." Der Theologe Joseph Ratzinger betonte in seinen Lehren – bereits vor seiner Wahl zum Papst – sehr stark diese Entmythologisierung und schrieb: „Die Welt ist nicht, wie die Menschen von damals weithin meinten, ein Gewirr einander widerstreitender Kräfte, sie ist nicht eine Behausung dämonischer Mächte, vor denen der Mensch sich schützen muss. Sonne und Mond sind nicht Gottheiten, die über ihm walten, und dieser Himmel über uns ist nicht von gegensätzlichen Gottheiten durchlebt, sondern dies alles kommt nur aus *einer* Vernunft, die im Wort Schöpfungskraft wurde." Das ist daher, so schreibt er weiter, „die wahre Aufklärung, die die Götter und die geheimen Mächte beiseite wischt und erkennen lässt, dass nur *eine* Macht ‚an allen Enden ist und wir in ihren Händen'" (Ratzinger 1996, 17–18).

Interessant ist die Tatsache, dass auch die griechische Philosophie schon zur selben Zeit wie das Alte Testament versuchte, den unglaubwürdig gewordenen homerischen Göttermythos abzuschaffen. Die entstehende christliche Theologie wandte sich daher dieser Philosophie zu, und der christliche Gott ist daher der Gott der Philosophen und nicht der der heidnischen Umwelt (Ratzinger 1968, 97–103).

Auch bei den Römern war die ganze Natur von göttlichen Wesen beseelt, insbesondere die dichten Wälder, die reißenden Gewässer, die Sümpfe, die hohen Gebirge und die raue See. Götter waren die Verursacher von erschreckenden Naturereignissen. Ein interessantes Beispiel sind die Flussgötter, von denen es ganze Kollegien gab. Jede Gottheit von ihnen war für einen bestimmten Gewässerlauf zuständig (Thüry 1995, 47). Das Wasser als Energiequelle zu nutzen musste daher hart erkämpft werden. Die erste Erwähnung eines Wasserrades, das einen Mühlstein antrieb, stammt aus der römischen Welt des ersten Jahrhunderts vor Christus (Raymo 2004, 17). Aber erst als Konstantin im Jahr 313 das Christentum förderte, fanden Wassermühlen eine weite Verbreitung. „Der Grund [für diese Verzögerung] mag der gewesen sein, dass es weniger Sklaven zur Verrichtung der Arbeit gab oder die monotheistischen Christen sich weniger Sorgen über Geister in Seen und Flüssen machten als die Heiden. Die Christen hegten allgemein nur wenige Vorurteile gegen technische Neuerungen. Hatte nicht Gott Adam die Herrschaft über den Planeten und seine Geschöpfe verliehen und ihm befohlen, sich die Erde ‚untertan zu machen'?" (Raymo 2004, 17–18).

Dieser Auftrag wurde im Laufe der Geschichte nicht immer korrekt ausgeführt. Allerdings muss man wissen, dass dieses Herrschaftswissen nicht gleichzeitig mit der Durchsetzung des Christentums eintrat, weil bereits die Antike ihre Umweltfrage hatte. „Weder war also das Klassische Altertum ein ökologisches Paradies, noch hat erst der Sieg des Christentums einen ‚ökologischen Sündenfall' mit sich gebracht." (Thüry 1995, 62) Papst Franziskus schreibt daher in LS 67:

Man hat gesagt, seit dem Bericht der Genesis, der einlädt, sich die Erde zu „unterwerfen" (vgl. Gen 1,28), werde die wilde Ausbeutung der Natur begünstigt durch die Darstellung des Menschen als herrschend und destruktiv. Das ist keine korrekte Interpretation der Bibel, wie die Kirche sie versteht. Wenn es stimmt, dass wir Christen die Schriften manchmal falsch interpretiert haben, müssen wir heute mit Nachdruck zurückweisen, dass aus der Tatsache, als Abbild Gottes erschaffen zu sein, und dem Auftrag, die

Erde zu beherrschen, eine absolute Herrschaft über die anderen Geschöpfe gefolgert wird. Es ist wichtig, die biblischen Texte in ihrem Zusammenhang zu lesen, mit einer geeigneten Hermeneutik, und daran zu erinnern, dass sie uns einladen, den Garten der Welt zu „bebauen" und zu „hüten" (vgl. Gen 2,15). Während „bebauen" kultivieren, pflügen oder bewirtschaften bedeutet, ist mit „hüten" schützen, beaufsichtigen, bewahren, erhalten, bewachen gemeint. Das schließt eine Beziehung verantwortlicher Wechselseitigkeit zwischen dem Menschen und der Natur ein.[7]

Die Entmythologisierung der Natur durch den Schöpfungsglauben schließt daher eine Verehrung der Natur als einer Gottheit ebenso aus wie ihre Geringachtung oder Dämonisierung. Sie öffnet dem Menschen einen realistischen, vernunftvollen Blick auf die ihm umgebende Natur.

Allerdings bleibt uns die Frage nicht erspart, ob unser christliches Abendland dem Eingottglauben bezüglich der Schöpfung treu geblieben ist. Eine fast schockierende Antwort gibt uns hier das Internet, wenn man unter dem Stichwort „Neupaganismus" (von lat. *paganus*, heidnisch) oder „Neuheidentum" nachschlägt.[8] Der Ausdruck „Neopaganismus" „bezeichnet seit dem 19. Jahrhundert aufgekommene religiöse und kulturelle Strömungen, die sich vor allem an antikem, keltischem oder germanischem Heidentum und/oder an außereuropäischen Religionen orientieren"[9]. Die neuheidnische Bewegung hat seit den 1970er-Jahren einen erheblichen Zulauf. Überall spielen Ökologie, Ganzheitlichkeit und Spiritualität eine zentrale Rolle. Man spricht von germanischer, altägyptischer, altgriechischer Religion und vom Hexenglauben (Wicca). Es werden auch Mitgliederzahlen angegeben, die keinesfalls gering sind. Was ist der Grund für eine solche „Rückkehr"?

Auch Papst Benedikt XVI. erwähnte in seiner Botschaft anlässlich des Weltfriedenstages 2010 die Zunahme eines neuen Pantheismus mit neuheidnischen Akzenten, „die das Heil des Menschen allein von einer rein naturalistisch verstandenen Natur herleiten"[10]. Deshalb schreibt auch Papst Franziskus in seiner Enzyklika in LS 75:

Wir können nicht eine Spiritualität vertreten, die Gott als den Allmächtigen und den Schöpfer vergisst. Auf diese Weise würden wir schließlich andere Mächte der Welt anbeten oder uns an die Stelle des Herrn setzen und uns sogar anmaßen, die von ihm geschaffene Wirklichkeit unbegrenzt mit Füßen zu treten.

Wenn die Natur göttlich wäre, bräuchte sie sicherlich nicht unsere Hilfe und unseren Schutz.

VII. Glaube und Vernunft

***Der Respekt des Glaubens gegenüber der Vernunft impliziert, all dem Aufmerksamkeit zu schenken, was die unabhängig gegenüber wirtschaftlichen Interessen entwickelte biologische Wissenschaft selbst im Hinblick auf die biologischen Strukturen und deren Möglichkeiten und Veränderungen lehren kann.* (LS 132)**

Der zitierte Satz bezieht sich zunächst auf Diskussionen über das menschliche Eingreifen in die Pflanzen- und Tierwelt. Besonders berücksichtigt sind dabei die gentechnischen Manipulationen, die sehr oft auf gegensätzliche Meinungen stoßen. Um ein Beispiel aus dem Alltag zu nennen: Was geschieht, wenn man für die Landwirtschaft wichtige Pflanzen derart verändert, dass sie nicht mehr von gewissen Krankheiten oder Insekten angegriffen werden können? Weiß man dann, ob dies nicht größere Auswirkungen auf die umgebende Natur hat als erwartet? Solche Probleme werden heutzutage heftig diskutiert. Papst Franziskus sagt hier, dass es zunächst Aufgabe der Naturwissenschaft ist, solche Fragen zu klären. Allerdings weist er darauf hin, dass solche Studien manchmal nicht ganz objektiv sein können, wenn sie nicht unabhängig von wirtschaftlichen Interessen durchgeführt werden. Als fiktives Beispiel denke ich hier an folgenden Fall: Eine internationale Saatgutfirma bezahlt junge arbeitslose Wissenschaftler einer Universität, die keineswegs mit Mitteln für die Forschung gesegnet ist, eine solche Studie über gentechnische Manipulationen durchzuführen. Denn auch Wissenschaftler sind Menschen und haben manchmal die Tendenz, die Daten gemäß ihren Wünschen zu interpretieren und Finanzierungen für ihre Forschungstätigkeiten zu finden.

Der Papst schreibt an einer anderen Stelle:

In Bezug auf viele konkrete Fragen ist es nicht Sache der Kirche, endgültige Vorschläge zu unterbreiten, und sie versteht, dass sie zuhören und die ehrliche Debatte zwischen den Wissenschaftlern fördern muss, indem sie die Unterschiedlichkeit der Meinungen respektiert.(LS 61)

Wie dem auch sei: Eine Kirche, die zuhört, die Respekt hat vor einer verantwortungsvollen Wissenschaft und nicht sofort Anweisungen gibt, was zu machen ist, ist für unsere Zeit sicherlich eine Wohltat. Bereits die Entstehungsgeschichte der Enzyklika *Laudato si'* zeugt von einer solchen Einstellung. Es wurden nämlich vor der Veröffentlichung sehr viele Wissenschaftler, unabhängig von ihrem Religionsbekenntnis, befragt, wie sie den Zustand der Erde sehen. Deshalb schreibt Papst Franziskus in LS 15:

An erster Stelle werde ich unter bestimmten Aspekten einen kurzen Überblick über die aktuelle ökologische Krise geben, zu dem Zweck, die besten Ergebnisse des heutigen Stands der wissenschaftlichen Forschung zu übernehmen, uns davon zutiefst anrühren zu lassen und dem dann folgenden ethischen und geistlichen Weg eine Basis der Konkretheit zu verleihen.

Der Ausdruck „der Respekt des Glaubens gegenüber der Vernunft“ hat aber – bei einer intensiveren Betrachtung – eine viel tiefere Bedeutung. Vernunft und Glaube sind nämlich, wie Papst Johannes Paul II. gleich zu Beginn seiner Enzyklika *Fides et ratio* schreibt, „die beiden Flügel, mit denen sich der menschliche Geist zur Betrachtung der Wahrheit erhebt“. Die Auseinandersetzung zwischen diesen beiden Bereichen war im Laufe der Kirchengeschichte nicht immer spannungslos. Man denke nur an Namen wie Galileo Galilei, an den Darwinismus, den Fideismus, an Pierre Teilhard de Chardin usw. Das Gebiet des Dialoges zwischen Naturwissenschaft und Religion ist aber ein derartig weites Land, dass wir hier auf die vielen damit verbundenen Themen nicht eingehen können. In diesem Buch steht vielmehr die ökologische Spiritualität im Vordergrund, und über sie sollen daher noch einige ergänzende Bemerkungen gebracht werden.

Zunächst zum Thema des Respektes des Glaubens vor der Vernunft bzw. vor der Naturwissenschaft: Es ist durchaus angebracht, dass wir als Christen eine positive Einstellung zu den Naturwissenschaften pflegen. Falsch wäre es nämlich, wenn wir meinen, der Glaube allein würde genügen. Nach Joseph Ratzinger gilt es, angesichts der Erkenntnisse der Naturwissenschaften eine immer stärker werdende Kluft von Glaube und Wissen zu vermeiden. Dort wo aus Furcht oder Bequemlichkeit versucht wird, den Glauben gegenüber den Herausforderungen der modernen Zeit abzuschotten, dort wird der Glaube letztendlich unattraktiv und unvernünftig (Lehner 2012, 74). Der Glaube nämlich beinhaltet kein Denkverbot. Er ist vielmehr „eine inspirierende, provozierende, auch kritische Kraft für ein Mehr an Wissen“ (Gleixner 2005, 55).

Das Interesse für die Naturwissenschaften bereichert uns auch als Christen. In dieser Perspektive möchte ich hier ein (ausnahmsweise) längeres Zitat des amerikanischen Schriftstellers Chet Raymo wiedergeben. Er unterrichtete Physik an einer höheren Schule. Persönlich habe ich sehr oft über das Gesagte nachgedacht:

Wissenschaftliche Informationen und Methoden sind wichtig und müssen natürlich in der Schule unterrichtet werden [...]. Aber vor allem ist die Wissenschaft eine Art Welthaltung. Sie vermittelt Achtung vor der Evidenz der Sinne: die Dinge zu sehen, wie sie sind, und nicht, wie man sie gerne sehen würde. Sie ist die Überzeugung, dass die Welt nicht nur durch Zufall und Launen beherrscht wird, und das Vertrauen, dass der menschliche Geist Einblick in die Komplexität der Natur gewinnen kann. Und Wissenschaft ist fast paradoxerweise – Demut angesichts der Komplexität der Natur. Diese Einstellungen sind im Unterricht nicht leicht zu vermitteln, man lernt sie aber durch die Betrachtung der Natur. Ohne diese Haltung werden Kinder mit Misstrauen gegenüber wissenschaftlichen Informationen aufwachsen, wissenschaftlichen Methoden Skepsis entgegenbringen und fast zwangsläufig fast tatenlos in eine Zukunft stolpern, in der die Umwelt der Zerstörung anheimfällt. Die gewaltigen Probleme, denen wir als Spezies gegenüberstehen, lassen sich nur mit einem verlässlichen Wissen lösen, und mit einem Begriff von der organischen Ganzheit der Natur, die nur deren Studium vermitteln kann. (Raymo 2004, 93)

Das Thema „Respekt des Glaubens vor der Naturwissenschaft“ kann man auch dahingehend „umdrehen“, dass man von der Hochachtung redet, die die Naturwissenschaft dem Glauben zollen soll. Papst Franziskus redet über dieses Thema in seiner Enzyklika nicht – vielleicht deshalb, weil er Polemik vermeiden will. Er sucht ja nach Mitstreitern für ein gemeinsames Anliegen, nämlich den Schutz unseres gemeinsamen „Hauses".

Hier kann man zunächst einige atheistische Initiativen aus der letzten Zeit erwähnen. Der Biologe Richard Dawkins veröffentliche 2007 das Buch *Der Gotteswahn* („God Delusion") (Dawkins 2010), das es immerhin zum Weltbestseller gebracht hat. Er sieht in der Religion eine evolutionäre Fehlentwicklung, die man bekämpfen soll. Er erhielt auf seine These natürlich viele Gegenantworten. Hier möchte ich nur Prof. Ulrich Lüke zitieren, der schrieb: „Wenn er schon einem derartigen Gedanken folgt, müsste er erklären, wie der Homo sapiens in seiner über einhunderttausendjährigen Geschichte ein solch ‚schädliches' Verhalten entwickeln und mitschleppen konnte." (Lüke 2007) Dawkins war es auch, der mit einigen seiner Kollegen 2008 eine große atheistische Buskampagne in London organisierte. Bei einem Besuch in dieser Stadt wunderte ich mich damals, dass auf den mehrstöckigen Bussen der Stadt groß zu lesen war „There's probably no god. Stop worrying and enjoy your life". Dawkins propagiert seine Ideen nun auch im Internet, indem er stark für den Kirchenaustritt wirbt. Doch ebenso stark fällt seine Werbung für den Kauf seiner Bücher aus.[11]

Ein anderes Gebiet der gegenwärtigen Auseinandersetzung betrifft den sogenannten Kreationismus (vom lateinischen Wort *creatio* – Schöpfung abgeleitet). Das ist eine Auffassung, die insbesondere von protestantisch-fundamentalistischen Religionsgemeinschaften besonders in den USA vertreten wird. Danach hat Gott die Welt (etwa im Zeitraum von 10.000 Jahren) unmittelbar und weitgehend in ihrer heutigen Gestalt geschaffen. Die gut begründete naturwissenschaftliche Evolutionslehre wird als nicht hinreichend bewiesen abgelehnt. Die Kreationisten beachten nicht, dass einige offene Fragen noch keine Widerlegung bedeuten. Diese werden aber von ihnen in Argumente umgemünzt, die beweisen sollen, dass sie mit evolutionstheoretischen Mitteln unlösbar sind und es auch sein werden. Zu den Beispielen, die von ihnen angeführt werden, gehören unter anderen die Orchideen der Gattung Ophrys.[12] Diese Pflanzen täuschen auf unvorstellbar geschickte Art manche Insekten, damit sie von ihnen bestäubt werden. Dieses Beispiel steht mir besonders nahe, denn während meines Biologiestudiums hetzte unser alter Botanikprofessor uns junge und bereits müde gewordenen Studenten am Ende einer Freiland-Exkursion über die Tiroler Berge. Er wollte uns unbedingt noch mit dieser interessanten Pflanzengattung bekannt machen. Ihm, der natürlich kein Kreationist war, verdanke ich, dass ich nun diese Orchideenart so oft als möglich in Italien fotografiere. (Deshalb bin ich aber noch nicht zu einem Anhänger der Kreationisten mutiert). Wenn man etwas nicht erklären kann, dann soll man sich nicht unbedingt gleich auf Gott berufen. Der jüdische Religionsphilosoph Abraham Joshua Heschel sagte daher zutreffend: „Das Eingeständnis, dass wir den Ursprung der Welt nicht verstehen, ist ehrlicher, als einen Konstrukteur zu postulieren." (Heschel 2000, 84) Und der protestantische Theologe Dietrich Bonhoeffer schrieb, dass „man Gott nicht als Lückenbüßer unserer unvollkommenen Erkenntnis figurieren lassen darf“. Wir sollen, so Bonhoeffer, Gott finden in den Dingen, die wir erkennen. Nicht in den ungelösten, sondern in den gelösten Fragen will Gott von uns begriffen werden (Bonhoeffer 1998, 455).

Die ganze Frage des Kreationismus wird immer wichtiger, weil die Vertreter dieser Lehre im deutschen Sprachraum in den letzten Jahren immer aktiver werden und ihre Ideen durch viele „fromme“ Publikationen verbreiten und dadurch Verwirrung stiften.[13]

VIII. Eine neue tragfähige Motivation, die Erde zu beschützen

***Wir sind in den Gedanken aufgewachsen, dass wir ihre Eigentümer und Herrscher seien, berechtigt, sie [die Erde] auszuplündern.* (LS 2)**

Um es hier gleich vorwegzunehmen: Papst Franziskus schlägt in der Enzyklika ein neues[14] ethisches Modell vor, nämlich die universelle Geschwisterlichkeit des Geschaffenen, das als neues Paradigma, d. h. als neue Sehweise oder neues Denkmuster, besser geeignet ist, die Erde zu beschützen. Bevor wir aber von einem solchen Soll-Zustand sprechen, ist es notwendig, den gegenwärtigen Ist-Zustand zu betrachten. Dann können wir auch besser verstehen, warum Franziskus derartig oft in der Enzyklika von der notwendigen Umkehr spricht. Es ist nicht möglich, eine ökologische Spiritualität zu verwirklichen, ohne an eine Umkehr zu denken. Dies gilt sowohl für das einzelne Individuum als auch für die Gesellschaft.

Die Frage, warum wir die Natur beschützen sollen, kann mit den Denkmitteln der empirischen Naturwissenschaft nicht gelöst werden. Denn dafür ist die Ethik zuständig. Hans Kessler sagt in der Einleitung zu seinem bemerkenswerten Buch *Das Stöhnen der Natur. Plädoyer für eine Schöpfungsspiritualität und Schöpfungsethik* sehr treffend: „Dass wir die Umwelt schützen und retten müssen, ist, so allgemein gesprochen, kaum strittig. Wohl aber ist umstritten, was das heißen darf oder soll, aus welchen Gründen und in welchem Umfang es geschehen und auf welchen Wegen es erreicht werden soll. Die Zeit drängt, konsequentes Handeln ist gefragt, und deswegen ist Klärung nötig." (Kessler 1990, 9)

Welches sind nun die ethischen Prinzipien, mit denen für gewöhnlich ein ökologisch relevantes Handeln begründet wird? Ganz grob gesehen sind es zwei Tendenzen: die anthropozentrische und die biozentrische Umweltethik.

Die anthropozentrische Umweltethik (griech. *anthropos* = der Mensch) versteht die Natur auf den Menschen hingeordnet. Sie ist die Umwelt des Menschen, nicht seine Mitwelt, und dient vor allem seinem Nutzen. Ein einfaches und praktisches Beispiel: Man soll eine bestimmte Pflanze deshalb beschützen, weil der Mensch in Zukunft eventuell ein Medikament aus ihr machen kann. Solche Begründungen sind aber schwach. Wenn es dem Menschen gelingt, die in dieser Pflanze enthaltenen chemischen Substanzen auf synthetischem Wege herzustellen, wird in dieser Hinsicht auch die Pflanze überflüssig.

Papst Franziskus macht aber auf bedeutend schwerer wiegende Probleme aufmerksam. Die Technik ist zusammen mit der Wissenschaft so leistungsstark und dominant geworden, dass man glaubt, die Natur äußerst effizient ausbeuten zu können. Wenn dadurch Probleme entstehen würden, könnte die Technik sie dann leicht lösen. Auf diese Weise will man den Planeten förmlich „auspressen", d. h. alles aus ihm gewinnen, was man gewinnen kann (vgl. LS 106). Papst Franziskus ist nicht grundsätzlich gegen die Technik eingestellt. So schreibt er:

Die Technologie hat unzähligen Übeln, die dem Menschen schadeten und ihn einschränkten, Abhilfe geschaffen. Wir können den technischen Fortschritt nur schätzen und dafür danken, vor allem in der Medizin, in den Ingenieurwissenschaften und im Kommunikationswesen. (LS 102)

Allerdings wendet er sich vehement gegen das sogenannte technokratische Paradigma. (Paradigma bedeutet Sehweise). Es handelt sich hier vor allem um eine Kombination von Faktoren der Technik, der Finanzen, der Wirtschaft und des Konsumismus (Hengsbach 2016, 25–27). Bestimmte technische Kenntnisse, etwa in Biotechnologie, in Genetik, Nuklearenergie und Informatik, verleihen uns eine gewaltige Macht. „Besser gesagt, sie geben denen, welche die Kenntnis und vor allem die wirtschaftliche Macht besitzen, sie einzusetzen, eine beeindruckende Gewalt über die gesamte Menschheit und die ganze Welt." (LS 104) Als Beispiel möchte ich hier etwa die Erzeugung von Saatgut anführen, das aufgrund der Veränderung des Genoms ausgezeichnete Eigenschaften hat, aber eine einzige Einschränkung besitzt: Es kann nur einmal verwendet werden. Die Selbstvermehrung ist nicht möglich (Keppeler/Romero 2017). Die Bauern müssen daher dieses Saatgut jedes Jahr erneut kaufen, und auf diese Weise werden die landwirtschaftlichen Produzenten in treue Konsumenten verwandelt. Papst Franziskus schreibt:

Das technokratische Paradigma tendiert dazu, die Wirtschaft und die Politik zu beherrschen. Die Wirtschaft nimmt jede technologische Entwicklung im Hinblick auf den Ertrag an, ohne auf mögliche negative Auswirkungen für den Menschen zu achten. (LS 109)

Es ist ferner auch nicht möglich, die Probleme des Hungers und des Elendes in der Welt mit dem Wachstum des Marktes zu lösen (LS 109). Auch werden dabei „nicht schnell genug wirtschaftliche Einrichtungen und soziale Programme erarbeitet, die den Ärmsten einen regulären Zugang zu den Grundressourcen ermöglichen" (LS 109).

Der Anthropozentrismus kann aber ganz leicht und „nahtlos" in einen Egoismus des Einzelnen oder der Gesellschaft übergehen. Der Papst schreibt:

Ein fehlgeleiteter Anthropozentrismus gibt Anlass zu einem fehlgeleiteten Lebensstil. Im Apostolischen Schreiben Evangelii gaudium habe ich auf den praktischen Relativismus Bezug genommen, der unsere Zeit kennzeichnet […]. Wenn der Mensch sich selbst ins Zentrum stellt, gibt er am Ende seinen durch die Umstände bedingten Vorteilen absoluten Vorrang, und alles Übrige wird relativ. Daher dürfte es nicht verwundern, dass sich mit der Allgegenwart des technokratischen Paradigmas und der Verherrlichung der grenzenlosen menschlichen Macht in den Menschen dieser Relativismus entwickelt, bei dem alles irrelevant wird, wenn es nicht den unmittelbaren Interessen dient. (LS 122)

Er schreibt dann im nächsten Artikel:

Die Kultur des Relativismus ist die gleiche Krankheit, die einen Menschen dazu treibt, einen anderen auszunutzen und ihn als ein bloßes Objekt zu behandeln, indem er ihn zu Zwangsarbeit nötigt oder wegen Schulden zu einem Sklaven macht. Es ist die gleiche Denkweise, die dazu führt, Kinder sexuell auszubeuten oder alte Menschen, die den eigenen Interessen nicht dienen, sich selbst zu überlassen. Es ist auch die innere Logik dessen, der sagt: Lassen wir die unsichtbare Hand des Marktes die Wirtschaft regulieren, da ihre Auswirkungen auf die Gesellschaft und auf die Natur ein unvermeidbarer Schaden sind. (LS 123)

Wenn es keine objektiven Wahrheiten und festen Grundsätze gibt – (daher der Name Relativismus), dann stellt sich die Frage:

… *welche Grenzen können dann der Menschenhandel, die organisierte Kriminalität, der Rauschgifthandel, der Handel mit Blutdiamanten und Fellen von Tieren, die vom Aussterben bedroht sind, haben? Ist es nicht dieselbe relativistische Denkweise, die den Erwerb von Organen von Armen rechtfertigt, um sie zu verkaufen oder für Versuche zu verwenden, oder das „Wegwerfen" von Kindern, weil sie nicht den Wünschen ihrer Eltern entsprechen? Es handelt sich um die gleiche Logik des „Einweggebrauchs", der so viele Abfälle produziert, nur wegen des ungezügelten Wunsches, mehr zu konsumieren, als man tatsächlich braucht.* (LS 123)

Während ich diese Zeilen der Enzyklika las, musste ich ganz unwillkürlich an die Bußpredigt des Propheten Jona in der Stadt Ninive denken (vgl. Jona 3,1–10). Auch in unserer Zeit ist es notwendig, die Dinge beim Namen zu nennen.

Nun zur zweiten Argumentationslinie in der Ökologie, dem Biozentrismus (vom griech. *bios* = das Leben). Diese Einstellung verweist darauf, dass der Mensch nicht das Maß aller Dinge ist. Allem „Lebendigen“ wird deshalb ein Eigenwert zugeschrieben. Bekannt dafür ist Albert Schweitzer, der die „Ehrfurcht vor dem Leben“ besonders betonte. Wenn der Eigenwert für alle Lebewesen derselbe ist und keine Abstufungen enthält, spricht man von einem radikalen Biozentrismus, wenn er aber eine hierarchische Abstufung beinhaltet, handelt es sich um einen schwachen Biozentrismus. Kritisch muss hier eingewandt werden, dass sich in der Praxis diese Ehrfurcht sehr oft nur auf einige interessante Tiere und seltene Pflanzen reduziert. Eine selektive Auswahl von Tieren und Pflanzen ist aber in ökologischer Hinsicht problematisch. Dadurch werden nämlich andere Arten als nicht besonders schützenswert erklärt. Das Ziel des Naturschutzes ist es aber, den Gesamtbestand der Arten in seiner Vielfalt zu schützen. Man hat auch eingesehen, dass es nicht genügt, nur die Arten zu schützen, wenn man ihre Biotope ständig verkleinert oder zerstört. So entstand vor einigen Jahrzehnten verstärkt der Wunsch nach „Wildnis“. Man versuchte, ganze Landschaftsteile unberührt zu lassen. Allerdings sah man bald ein, dass diese Landschaftsteile unbedingt sehr klein bleiben müssen, weil sich zum Beispiel manche Insekten, wie etwa die Borkenkäfer, massenhaft entwickelten und fressgierig in die Wälder der weiteren Umgebung zogen – wie dies im Bayerischen Wald der Fall war – oder weil sich die Menschen etwa vor den Wölfen oder Bären fürchteten, wie dies im italienischen Apennin geschah. In diesen Fällen war unklar, inwieweit der Mensch eingreifen durfte oder sollte.

Papst Franziskus betont in der Enzyklika:

Ein fehlgeleiteter Anthropozentrismus darf nicht notwendigerweise einem „Biozentrismus“ den Vortritt lassen, denn dies würde bedeuten, ein neues Missverhältnis einzubringen, das nicht nur die Probleme nicht lösen, sondern auch andere hinzufügen würde. (LS 118)

Zu diesen Problemen gehört auch die Tatsache, dass die besonderen Fähigkeiten des Menschen in Bezug auf den Naturschutz zu kurz kämen. Denn in diesem Extrem

ist man der Meinung, der Mensch könne mit jedem seiner Eingriffe nur eine Bedrohung sein und das weltweite Ökosystem beeinträchtigen. Deshalb sei es angebracht, seine Präsenz auf dem Planeten zu reduzieren und ihm jede Art von Eingriff zu verbieten (LS 60).

Franziskus bemerkt diesbezüglich an einer anderen Stelle:

Manchmal bemerkt man eine Versessenheit, dem Menschen jeden Vorrang abzusprechen, und es wird für andere Arten ein Kampf entfacht, wie wir ihn nicht entwickeln, um die gleiche Würde unter den Menschen zu verteidigen. Es stimmt, dass wir uns darum kümmern müssen, dass andere Lebewesen nicht verantwortungslos behandelt werden. Doch in besonderer Weise müssten uns die Ungerechtigkeiten in Wut versetzen, die unter uns bestehen, denn wir dulden weiterhin, dass einige sich für würdiger halten als andere. Wir bemerken nicht mehr, dass einige sich in einem erniedrigenden Elend dahinschleppen ohne wirkliche Möglichkeiten, es zu überwinden, während andere nicht einmal wissen, was sie mit ihrem Besitz anfangen sollen. (LS 90)

An anderer Stelle schreibt er:

Ein Empfinden inniger Verbundenheit mit anderen Wesen in der Natur kann nicht echt sein, wenn nicht zugleich im Herzen eine Zärtlichkeit, ein Mitleid und eine Sorge um die Menschen vorhanden ist. Die Ungereimtheit dessen, der gegen den Handel mit vom Aussterben bedrohten Tieren kämpft, aber angesichts des Menschenhandels völlig gleichgültig bleibt, die Armen nicht beachtet oder darauf beharrt, andere Menschen zu ruinieren, die ihm missfallen, ist offensichtlich. (LS 91)

Mit anderen Worten: Wenn man sich um den Wert alles Lebendigen kümmern will, soll man sich auch um den Menschen sorgen, der ja ebenfalls ein Lebewesen ist!

Nach diesen Ausführungen kann man verstehen, dass Franziskus in LS 121 schreibt:

Es steht die Entwicklung einer neuen Synthese aus, welche die falschen Dialektiken der letzten Jahrhunderte überwindet.

Damit deutet er wohl den Beitrag an, den die Diskussion des neuen Paradigmas von der universellen Geschwisterlichkeit des Geschaffenen leisten kann und wird.

IX. Die biologische Verwandtschaft des Menschen mit den übrigen Lebewesen

***Es ist nicht überflüssig zu betonen, dass alles miteinander verbunden ist […]. Wie die verschiedenen physikalischen, chemischen und biologischen Bestandteile des Planeten untereinander in Beziehung stehen, so bilden auch die Arten der Lebewesen ein Netz, das wir nie endgültig erkennen und verstehen. Einen guten Teil unserer genetischen Information haben wir mit vielen Lebewesen gemeinsam.* (LS 138)**

Über diese Sätze könnte man leicht hinweglesen. Für Franziskus ist das Thema der „universalen Schöpfungsfamilie" derart wichtig, dass er sie gleich auf eine zweifache Weise – zuerst dem nicht gläubigen Menschen und dann auch den gläubigen Zeitgenossen – nahebringen will. Christoph Bals sagt in seinem ausführlichen Kommentar der Enzyklika, *Eine gelungene Provokation für eine pluralistische Weltgesellschaft*, dass Franziskus seine wichtigsten Botschaften in diesem Dokument „doppelt codiert" hat (Bals 2016, 51). Auf diese Weise können seine Ideen auch von Menschen diskutiert werden, die nicht unbedingt einen gläubigen Hintergrund besitzen. Als Biologe habe ich es daher für sehr gut befunden, dass er von einem großen Teil unserer genetischen Information schreibt, den wir mit anderen Lebewesen gemeinsam haben. Das ist eine klare Anspielung auf das Faktum der Evolution. Der Grad der Verwandtschaft ist derartig hoch, dass man sich dies noch vor einigen Jahren kaum vorstellen konnte. Ich denke hier an die Forschungen an dem neuen „Haustier“ der Zoologen und Genetiker mit dem fast zungenbrecherischen Namen Caenorhabditis elegans (meist abgekürzt mit C. elegans), einem unscheinbaren, fast einen Millimeter großen Fadenwurm. Weltweit gab es bereits im Jahre 2007 nach Schätzungen der Max-Plank-Gesellschaft etwa 1500 Spezialisten, die sich mit diesem Wurm befassten (Max-Planck-Gesellschaft 2007). Die Arbeit an dieser Wurmgattung hat bereits einige Nobelpreise eingebracht. Kürzlich las ich in einem Artikel der Universität Jena, *Was einen kleinen Wurm zum gefragten Modell macht*[15], dass bis zu 80 Prozent der Gene von Fadenwurm und Mensch gleich sind und dass rund die Hälfte aller bekannten Gene, die an der Entstehung menschlicher Krankheiten beteiligt sind, auch in C. elegans vorliegen. Daher dient der Wurm als einfaches Modellsystem, um die Lebensprozesse sowie die Entstehung von Krankheiten – auch des Menschen – zu untersuchen und besser zu verstehen.

Ist das nicht ein starkes Stück? Wenn die Ähnlichkeit mit meinem sympathischen Hund (der den italienischen Namen Giusti hat) 80 % betragen würde, könnte ich dies sicherlich besser vertragen. Aber mit einem Wurm ...

Natürlich sind auch solche Nachrichten mit der gehörigen Vorsicht zu interpretieren. Franziskus schreibt in einem anderen Zusammenhang:

Man kann nicht behaupten, dass die empirischen Wissenschaften das Leben, die Verflechtung aller Geschöpfe und das Ganze der

Wirklichkeit völlig erklären. Das hieße, ihre eigenen methodologischen Grenzen ungebührlich zu überschreiten. (LS 199)

Auf jeden Fall können uns aber solche Nachrichten zum Denken bewegen. Die Akzeptanz der Evolutionstheorie – so schreibt Christoph Bals – „war für die christlichen Kirchen ein langer und ist ein noch längst nicht abgeschlossener Weg, man braucht nur an die fundamentalistische Evolutionskritik etwa in den USA denken“ (Bals 2016, 49). Bals meint aber auch: „Laudato si' geht über die bisherige halbherzige Akzeptanz der Evolutionstheorie der christlichen Kirchen hinaus, die Carl Friedrich von Weizsäcker einst kritisiert hatte: ‚Die Abstammungslehre haben die Theologen zwar heute [...] akzeptiert, freilich ohne, wie mir scheint, die Konsequenz der Brüderlichkeit zu unseren Mitkreaturen ernstlich zu durchdenken.'“ (Bals 2016, 50)

X. Die universale Geschwisterlichkeit

Die Geschöpfe dieser Welt können nicht als ein herrenloses Gut betrachtet werden: Alles ist dein Eigentum, Herr, du Freund des Lebens (vgl. Weish 11,26). Das gibt Anlass zu der Überzeugung, dass sämtliche Geschöpfe des Universums, da sie von ein und demselben Vater erschaffen wurden, durch unsichtbare Bande verbunden sind und wir alle miteinander eine Art universale Familie bilden, eine sublime Gemeinschaft, die uns zu einem heiligen, liebevollen und demütigen Respekt bewegt. (LS 89)

Aus dem zitierten Text geht hervor, dass die Lebewesen nicht bloß die Funktion haben, „Rohstoffe“ für unsere Bedürfnisse zu sein. Sie sind vielmehr Gaben und Wunder der Freiheit des Schöpfers und haben als solche einen Eigenwert, der unabhängig von ihrem Nutzwert ist. Franziskus sagt dies kurz und bündig: „Der letzte Zweck der anderen Geschöpfe sind nicht wir.“ (LS 83) Man kann also „von einem Vorrang des Seins vor dem Nützlichsein sprechen“ (LS 69).

In den Schöpfungsaussagen ist den Menschen und den nichtmenschlichen Lebewesen gemeinsam, dass sie Kreaturen sind. Durch diese Gemeinsamkeit ist der Mensch mit allem Geschaffenen verbunden. Zu bedenken ist aber dabei auch, dass alles Geschaffene im Gegenüber Gottes eins ist. Daher kann man in der Analogie zu einer menschlichen Familie Gott als den Vater aller seiner Geschöpfe sehen. Und wenn nun Gott der universale Vater aller Dinge ist, dann sind seine Geschöpfe in der Gemeinschaft alles Geschaffenen Brüder und Schwestern: „Jesus erinnerte uns daran, dass Gott unser gemeinsamer Vater ist und dass dies uns zu Brüdern und Schwestern macht." (LS 228) Jesus selbst sagt: „Vater, in deine Hände lege ich meinen Geist", und er lehrt uns das Gebet des „Vaterunsers". Der heilige Franziskus war von der Brüderlichkeit der Kreaturen so überzeugt, dass er seinen Sonnengesang dichtete.

Die universale Geschwisterlichkeit hat auch einige wichtige praktische Konsequenzen. Alle Kreaturen haben dieselbe prinzipielle Gleichwertigkeit. Der Mensch wird daher wieder zurückgestellt in die Verwobenheit der Gemeinschaft des Geschaffenen. Er hat trotz seiner speziellen Aufgaben – davon später – nicht mehr die alles überragende Stellung. Damit wird eine mittlere Position zwischen einem extremen Anthropozentrismus, der sich nicht um die anderen Geschöpfe kümmert (LS 68), und einem rigiden Biozentrismus, der „Menschen jeglichen Wert abzusprechen" geneigt ist, möglich (LS 118).

Durch eine direkte Anbindung an Gott werden die geschaffenen nichtmenschlichen Wesen der Willkür des Menschen entzogen. Andererseits hat der Mensch, insofern er geschaffen wurde, ebenso das Recht, dass man sich um ihn kümmert und ihn beschützt, wenn er in Nöten ist. So schreibt Franziskus in LS 91: „Ein Empfinden inniger Verbundenheit mit den anderen Wesen in der Natur kann nicht echt sein, wenn nicht im Herzen eine Zärtlichkeit, ein Mitleid und eine Sorge um die Menschen vorhanden ist." Man „kann also keine Beziehung zur Umwelt geltend machen, die von den Beziehungen zu den anderen Menschen und zu Gott isoliert ist“ (LS 119).

An anderer Stelle schreibt er: „Und wir können uns nicht als große Liebende betrachten, wenn wir irgendeinen Teil der Wirklichkeit aus unseren Interessen ausschließen.“ (LS 92)

Damit führt die Enzyklika sowohl zu einer Solidarität mit den armen und ausgeschlossenen Menschen als auch mit einer missbrauchten Schöpfung. Das neue Paradigma der universalen Geschwisterlichkeit – so Christoph Bals – erlaubt sehr ungezwungen, den Zusammenhang zwischen sozialen und ökologischen Fragen darzustellen (Bals 2016, 50). So wird die notwendig gewordene Brücke zwischen den sozialen und den ökologischen Gruppen, zwischen sozialer und ökologischer Gerechtigkeit, geschlagen.

Wenn man die Botschaft der Enzyklika meditiert, entdeckt man, dass sie nichts anderes will, als das Gebot der Nächstenliebe auf alle Geschöpfe auszuweiten. Ich musste hier an einen Text von Fjodor Michailowitsch Dostojewski in seinem Buch *Die Brüder Karamasow* denken, in dem er von den Gesprächen und Belehrungen des Starez Sossima spricht. Auch wenn er etwas länger ist, möchte ich ihn hier wiedergeben:

Liebet die ganze Schöpfung Gottes, das Weltall wie auch jedes Sandkörnchen! Liebet jedes Blättchen, jeden Lichtstrahl Gottes! Liebet die Tiere, liebet die Pflanzen, liebet jedes Ding! Wenn du jedes Ding liebst, wirst du das Geheimnis Gottes in den Dingen erfassen. Und wenn du es einmal erfasst hast, wirst du es immer mehr und tiefer erkennen, unaufhörlich, Tag für Tag. Und du wirst schließlich die ganze Welt mit allumfassender Liebe liebgewinnen. Liebet die Tiere! Ihnen hat Gott einen Anfang des Denkens gegeben und eine harmlose Lebensfreude. Trübt ihnen diese Freude nicht, quält sie nicht, nehmt ihnen nicht ihre Freude, handelt nicht der Absicht Gottes zuwider! Mensch, überhebe dich nicht über die Tiere: Sie sind frei von Sünde, du jedoch in all deiner Herrlichkeit besudelst die Erde durch dein Erscheinen und hinterlässt eine schmutzige Spur – fast ein jeder von uns tut das![16]

XI. Die verantwortungsvolle Stellung des Menschen in der Schöpfung

Erinnern wir uns, dass nach dem biblischen Schöpfungsbericht Gott den Menschen in den gerade erschaffenen Garten setzte (vgl. Gen 2,15), nicht nur um das Vorhandene zu bewahren (hüten), sondern es zu bearbeiten, dass es Frucht bringe (bebauen) […]. In der Tat ist das Eingreifen des Menschen, das für die vernünftige Entwicklung der Schöpfung sorgt, die angemessene Form, sie zu hüten. Dies schließt nämlich mit ein, als Werkzeug Gottes seinen Platz einzunehmen, um zu helfen, dass sich die Möglichkeiten, die Gott selbst in die Dinge hineingelegt hat, entfalten. **(LS 124)**

Es wurde bereits erwähnt, dass die Menschen – trotz ihrer Sonderstellung – grundsätzlich Geschöpfe wie alle anderen sind. Beide Aspekte aber, das Eingebundensein in die große Gemeinschaft und die Sonderstellung, sind komplementär und korrigieren einander.

Worin besteht also die Sonderstellung des Menschen? Laut Genesis 2,15 hat der Mensch – mit einem Bild gesprochen – die Aufgabe eines Gärtners. Auf jeden Fall ist der Garten ein Symbol für die Überwindung des Chaos. Doch ist auch Vorsicht mit diesem Bild angebracht, denn es kann ganz verschieden interpretiert werden! Denken wir etwa an die Gartenkunst zur Zeit des französischen Königs Ludwigs XIV. in seinem Schloss Versailles. Der Herrscher konnte in absolutistischer Manier bestimmen, wie der Garten beschaffen sein sollte. Die Bäume und Sträucher mussten in Linie stramm stehen, wie die Soldaten des Königs. Oder denken wir an den englischen Landschaftsgarten. Hier spürte man schon deutlich das Kommen einer demokratischen Einstellung. Kürzlich las ich ein Gartenschild: „Trau' keinem Garten, in dem kein Unkraut wächst." Deshalb ist mir auch der heilige Franziskus so sympathisch, von dem der Papst in LS 12 schreibt: „Deshalb forderte Franziskus, im Konvent immer einen Teil des Gartens unbebaut zu lassen, damit dort die wilden Kräuter wüchsen und die, welche sie bewunderten, ihren Blick zu Gott, dem Schöpfer solcher Schönheit, erheben könnten."

Was ist der Sinn dieser Bilder? Der Mensch darf gegenüber der Natur kein absolutistischer Herrscher sein. Er soll demütig genug sein, sich als Werkzeug Gottes zu begreifen, und helfen, „dass sich die Möglichkeiten, die Gott selbst in die Dinge hineingelegt hat, entfalten".

Diese Demut ist vonnöten. Nach der Schöpfungsgeschichte ist nämlich der Mensch das zuletzt angekommene Geschöpf und deshalb auch das abhängigste von allen Lebewesen, das auf die Existenz der Pflanzen und Tiere, des Wassers, der Luft, der Sonne usw. angewiesen ist. Alle anderen Lebewesen können auch ohne den Menschen existieren. Der Mensch kann nicht mit Arroganz die anderen Geschöpfe als Objekt beherrschen und sich der Natur gegenüberstellen. An einer anderen Stelle (LS 67) der Enzyklika spricht Papst Franziskus ebenfalls von Gen 2,15:

Es ist wichtig, die biblischen Texte in ihrem Zusammenhang zu lesen, mit einer geeigneten Hermeneutik, und daran zu erinnern, dass sie uns einladen, den Garten der Welt zu „bebauen" und zu „hüten" (vgl. Gen 2,15). Während „bebauen" kultivieren, pflügen oder bewirtschaften bedeutet, ist mit „hüten" schützen, beaufsichtigen, bewahren, erhalten, bewachen gemeint. Das schließt eine Beziehung verantwortlicher Wechselseitigkeit zwischen dem Menschen und der Natur ein.

Die Wechselseitigkeit bedeutet hier, dass die Natur zu keinem ausschließlichen Objekt gemacht werden soll in einer Gegenüberstellung des Menschen zur Natur.

Menschliche und nichtmenschliche Lebewesen sind Mitglieder einer großen „Familie". Der Mensch muss daher auch Verantwortung für andere „Familienmitglieder" übernehmen. Er ist dafür besser ausgerüstet als die anderen Lebewesen, weil er dafür „besondere Fähigkeiten der Erkenntnis, des Willens, der Freiheit und der Verantwortlichkeit" hat (LS 118). In LS 81 geht der Papst noch ausführlicher auf die Fähigkeiten des Menschen ein:

Obwohl auch der Mensch Entwicklungsprozesse voraussetzt, schließt er etwas Neues ein, das von der Entwicklung anderer offener Systeme her nicht gänzlich erklärbar ist. Jeder von uns besitzt in sich eine persönliche Identität, die fähig ist, mit den anderen und mit Gott selbst in Dialog zu treten. Die Fähigkeiten zu Reflexion, Beweisführung, Kreativität, Interpretation und künstlerischem Schaffen sowie andere, völlig neue Fähigkeiten zeigen eine Besonderheit, die den physischen und biologischen Bereich überschreitet.

Er hat daher „die Berufung, Beschützer des Werkes Gottes zu sein“ (LS 217). In diesem Zusammenhang sieht der Papst auch die tiefere Bedeutung der menschlichen Arbeit:

Wenn wir darüber nachdenken wollen, welches die angemessenen Beziehungen des Menschen zu der ihn umgebenden Welt sind, dann ergibt sich die Notwendigkeit, eine richtige Auffassung von der Arbeit zu haben. (LS 124)

Die Verantwortung des Menschen ist nicht immer leicht. Er muss sowohl die nichtmenschlichen als auch manchmal die menschlichen Geschöpfe beschützen. Es entsteht daher die Frage, wie er sich gegenüber Lebewesen, die für den Menschen schädlich sind, verhalten muss. Hier wurden auch einige kritische Stimmen im Internet gegen die Enzyklika laut. So schrieb Theodor Ickler: „Was ist mit der Anophelesmücke und dem Poliovirus? Sollen wie die auch mit franziskanischer Liebe willkommen heißen?“[17] Zum Verständnis: Die Anophelesmücke überträgt die Malaria-Krankheit. Die Antwort von Franziskus befindet sich an einer anderen Stelle, nämlich im Katechismus der katholischen Kirche, den der Papst zitiert: „Der Mensch hat das Recht, in die Pflanzen- und Tierwelt einzugreifen, wenn es für sein Leben notwendig ist, aber es widerspricht der Würde des Menschen, Tiere nutzlos leiden zu lassen und zu töten.“ (LS 130) Auch andere aktuelle Fragen werden in der Enzyklika angeschnitten, etwa die genetische Manipulation von Lebewesen (vgl. LS 131). Keine leichte Verantwortung des Menschen.

XII. Wozu braucht uns diese Erde?

Unsere generationenübergreifende Verantwortung

Welche Art von Welt wollen wir denen überlassen, die nach uns kommen, den Kindern, die gerade aufwachsen? Diese Frage betrifft nicht nur die Umwelt in isolierter Weise, denn es ist unmöglich, das Problem fragmentarisch anzugehen. Wenn wir uns bezüglich der Welt, die wir hinterlassen wollen, Fragen stellen, meinen wir vor allem ihre allgemeine Ausrichtung, ihren Sinn, ihre Werte. Wenn diese grundlegende Frage nicht lebendig mitschwingt, glaube ich nicht, dass unsere ökologischen Bemühungen bedeutende Wirkungen erzielen können. Wird sie aber mutig gestellt, führt sie uns unweigerlich zu weiteren, sehr direkten Fragestellungen: Wozu gehen wir durch diese Welt, wozu sind wir in dieses Leben gekommen, wozu arbeiten wir und mühen uns ab, wozu braucht uns diese Erde? (LS 160)

In diesem Text hat mich besonders die kurze und prägnant formulierte Frage fasziniert: Wozu braucht uns diese Erde?

Für gewöhnlich würden wir eher erwarten, dass jemand fragt: Wie muss die Erde beschaffen sein, dass sie meinen bzw. unseren Erwartungen und Bedürfnissen entspricht? Das Ungewöhnliche in der Frage von Papst Franziskus besteht darin, dass die Erde uns hier als Subjekt und nicht als Objekt entgegentritt. Ein Subjekt hat auch Rechte! Im Grunde wird hier verlangt, dass wir von der Erde nicht nur nehmen, sondern ihr auch etwas geben. Dieser kurze Satz ließ mich persönlich nicht mehr los, er hat – um einen Ausdruck von Franz Kafka zu gebrauchen – die Eigenschaft, „zu beißen und zu stechen“ (Kafka 1975, 27). Der Dichter sagt dies zwar von manchen Büchern, in diesem Fall kann man es auch für einen einzigen Satz gebrauchen. Ich bin der Meinung, dass man diese Frage bei der Lektüre der Enzyklika sowohl beim persönlichen Nachdenken als auch bei den Diskussionen in Gruppen, etwa in der Pfarrei, als Ausgangspunkt nehmen kann. Besonders junge Menschen, die sich fragen, wie sie sich in dieser von Widersprüchen vollen Welt engagieren sollen, können durch die Antwort auf diese Frage Anregungen bekommen.

Die Tatsache, dass die Erde uns braucht, setzt voraus, dass sie sich in Nöten befindet. „Diese Schwester [nämlich die Erde] schreit auf wegen des Schadens, den wir ihr aufgrund des unverantwortlichen Gebrauchs und des Missbrauchs der Güter zufügen, die Gott in sie hineingelegt hat.“ (LS 2) Die Bedrängnisse der Erde werden im ersten Kapitel der Enzyklika (LS 17–61), das die Überschrift trägt „Was unserem Haus widerfährt“, beschrieben. Besonders zu nennen sind hier: Umweltverschmutzung und Klimawandel (LS 20–26), die Wasserfrage (LS 27–31), der Verlust der biologischen Vielfalt (LS 32–42), Verschlechterung der Lebensqualität und sozialer Niedergang (LS 43–47), weltweite soziale Ungerechtigkeit (LS 48–52). Papst Franziskus beklagt sich außerdem über die Schwäche der Reaktionen. Er schreibt in LS 53:

Diese Situationen rufen das Stöhnen der Schwester Erde hervor, die sich dem Stöhnen der Verlassenen der Welt anschließt, mit einer Klage, die von uns einen Kurswechsel verlangt. Niemals haben wir unser gemeinsames Haus so schlecht behandelt und verletzt wie in den letzten beiden Jahrhunderten.

Haben die Menschen die Verantwortung, diese Schäden zu beheben? Können wir den nächsten Generationen die Welt in diesem Zustand übergeben? Der bereits oben zitierte Text von Papst Franziskus sagt daher: „Welche Art von Welt wollen wir denen überlassen, die nach uns kommen, den Kindern, die gerade aufwachsen?“ Hier wird die Frage der generationenübergreifenden Gerechtigkeit berührt. Die Antwort lautet zunächst: „Heute sind wir uns unter Gläubigen und Nichtgläubigen darüber einig, dass die Erde im Wesentlichen ein gemeinsames Erbe ist, dessen Früchte allen zugute kommen müssen.“ (LS 93) An anderen Stellen wird dies auch theologisch genauer begründet: Gott ist der bleibende Eigentümer seiner Schöpfung (LS 67, 68, 75, 89). Die Früchte der Erde müssen aber allen zugute kommen, denn Gott hat „die Welt für alle erschaffen“ (LS 93) Die Erde ist daher eine Gabe, oder besser gesagt eine Leihgabe, „die jede Generation empfängt und an die nächste Generation weitergeben muss“ (LS 159). Diese Sprache ist für alle verständlich. Aus unserer eigenen Erfahrung wissen wir, dass man mit einer gemieteten Wohnung oder mit einem Buch aus einer Leihbibliothek pfleglich und verantwortungsvoll umgehen muss. Gebrauchsspuren kann man natürlich nicht völlig vermeiden, aber vor der Rückgabe sollen sie möglichst minimiert werden (Lienkamp 2016, 33). Die Nachfolger sollen daher einen „bewohnbaren Planeten“

vorfinden können. Der Mensch ist daher nur der liebevolle Verwalter, der zum verantwortlichen Handeln verpflichtet ist.

Die generationenübergreifende Gerechtigkeit benötigt für ihre Verwirklichung lange Zeiträume. Langfristige Ziele brauchen ein langfristiges Denken. Doch damit haben die politischen Parteien Schwierigkeiten. Papst Franziskus bemerkt dazu realistisch:

Mit Rücksicht auf die Wahlen setzten die Regierungen sich nicht leicht der Gefahr aus, die Bevölkerung mit Maßnahmen zu verärgern, die dem Konsumniveau schaden oder Auslandsinvestitionen gefährden können. Die Kurzsichtigkeit beim Aufbau der Macht bremst die Aufnahme eines Umweltprogramms mit weiter Perspektive in die öffentliche Tagesordnung der Regierungen. (LS 178)

An diese Sätze muss ich leider jedes Jahr im Sommer denken, wenn hier in Mittelitalien viele Waldbrände verursacht werden. Die gebräuchlichste Version lautet meistens, dass es sich um spontane Selbstanzündungen handelt. Das ist aber sicher nicht der Fall. Dies merkt man auch daran, dass die Brände meist am Wochenende stattfinden, und außerdem, wenn der Wind in eine bestimmte Richtung weht. Die Bauern, die Rinder oder Ziegen in der Landschaft frei weiden lassen, zünden diese Weidegebiete manchmal an, um das für die Tiere ungenießbar gewordene stark verkieselte Gras zu verbrennen. Wenn es im Herbst wieder regnet, wächst junges Gras, das die Tiere dann gern wieder fressen. Bei diesem Gras handelt es sich meistens um Ampelodesmos mauritanicus, eine horstbildende Pflanze mit dem deutschen Namen

Diss, die die Brände gut übersteht. Manchmal schießt der „Feuereifer" auch über das Ziel hinaus und macht sich gewollt oder ungewollt an die Wälder oder an die Olivenhaine von manchen unsympathischen Nachbarn heran. Auch erhofft man sich nicht selten, dass man für diese beschädigten Gebiete leichter eine Baugenehmigung erhält. Jedes Jahr dasselbe Theater. Ich wundere mich, dass dies bisher keine Regierung abstellen konnte. Die Schäden sind nämlich gewaltig. Die Berge und Hügel haben mit der Zeit keine schützende Vegetationsschicht mehr. Wenn es regnet, rinnt das Wasser schnurstracks zum Tal und verursacht Verwüstungen. Die Trinkwasserreserven werden immer geringer. In Italien gab es nach offiziellen Angaben der italienischen staatlichen Forstpolizei (Corpo Forestale dello Stato) im Jahr 2016 insgesamt 4793 Waldbrände, davon in Latium 326 und in Kampanien 688.[18] Nicht umsonst schreibt Papst Franziskus in LS 142: „Wir wissen zum Beispiel, dass Länder, die über eine klare Gesetzgebung zum Schutz der Wälder verfügen, weiterhin stumme Zeugen einer häufigen Verletzung dieser Gesetze sind."

Bezüglich der generationenübergreifenden Verantwortung gibt es aber auch positive Berichte. Sie stammen zum Beispiel aus zwei, zum größten Teil staubtrockenen, afrikanischen Ländern, nämlich aus Kenia und aus Burkina Faso. Es handelt sich um zwei Personen, denen es jeweils in ihren Ländern gelungen ist, ein Baumbepflanzungsprogramm in die Wege zu leiten.

Wangari Maathai (1940–2011) war eine kenianische Biologin, die mit ihrer Grüngürtel-Bewegung (The Green Belt Movement) das größte Aufforstungsprojekt Afrikas begann.

Daran nehmen vor allem die Frauen teil. In Afrika hat dies auch eine zusätzliche praktische Bedeutung, weil die Frauen zum Kochen Brennholz suchen müssen. Wenn es mehr Bäume gibt, schädigt man durch diese zusätzlichen Entnahmen nicht die bestehende karge Vegetation. Seit dem Jahre 1977 wurden immerhin fast 40 Millionen Bäume gepflanzt![19] Wangari Maathai wurde von der Bevölkerung liebevoll „Mama Miti“ (in Kisuaheli: „Mutter der Bäume“) genannt. Im Jahre 2004 erhielt sie als erste afrikanische Frau den Friedensnobelpreis, mit der Begründung des Nobelkomitees: „Frieden auf Erden hängt von unserer Fähigkeit zur Bewahrung einer lebendigen Umwelt ab.“[20]

Die andere, fast noch interessantere Person ist der Ackerbauer Yacouba Sawadogu in Burkina Faso, dem ehemaligen Obervolta. Das Land liegt an der Sahelzone und gehört zu den trockensten und ärmsten Gebieten der Erde. Yacouba kann angeblich heute noch nicht lesen und schreiben. Von Jugend an war er aber sehr tüchtig in der Beobachtung der Bäume und fragte sich etwa, warum sie an manchen Stellen besonders grün und hoch sind. Unter dem Eindruck der großen Hungersnot in den Achtzigerjahren widmete er sich intensiv der Landwirtschaft und bearbeitete mit seiner Spitzhacke nach konventioneller Art die Erde. Allerdings entwickelte er dabei eine äußerst interessante neue Methode und baute zusammen mit der Hirse auch Bäume an.[21]

Yacouba Sawadogo bringt jetzt vor allem den interessierten Kleinbauern seine Methode bei. Dies ist auch deshalb interessant, weil viele Entwicklungshilfeorganisationen gesehen haben, dass unsere moderne Landwirtschaft mit den chemischen Düngemitteln, den Pestiziden und den komplizierten Maschinen in vielen Fällen gar nicht zielführend ist. Die Spitzhacke bringt in Burkina Faso bessere Ergebnisse. Hunderte Hektar Wüste haben sich bereits in Ackerland verwandelt (Jeska 2012; vgl. auch Jeska 2014).

Nun zurück zu allgemeinen Überlegungen bezüglich der generationenübergreifenden Verantwortung. Diese muss vor allem den jungen Menschen nahegebracht werden. Sie sind ja das Bindeglied zur nächsten Generation.

So kann ich es mir gut vorstellen, dass sich an den Universitäten die Biologiestudenten mit den von Papst Franziskus gemachten Vorschlägen für eine „ganzheitliche Ökologie" in der Form von Diskussionen, Vorlesungen und Seminararbeiten auseinandersetzen können. Die ganzheitliche Ökologie verlangt nämlich „eine Offenheit gegenüber Kategorien, die über die Sprache der Mathematik oder Biologie hinausgehen und uns mit dem Eigentlichen des Menschen verbinden" (LS 11). Ökologie ist daher nach dem Verständnis von Papst Franziskus auch eine kulturelle, soziale und religiöse Angelegenheit. Wie können diese Aussagen über die Ökologie in die Praxis umgesetzt werden?

Der Papst hofft auch, dass sich die in der theologischen Ausbildung befindlichen Personen mit den Gedanken der Enzyklika vertraut machen:

Ich hoffe auch, dass in unseren Seminaren und Ausbildungsstätten der Orden zu einer verantwortungsvollen Genügsamkeit, zur dankerfüllten Betrachtung der Welt und zur Achtsamkeit gegenüber der Schwäche der Armen und der Umwelt erzogen wird. (LS 214)

Zu guter Letzt sind hier auch die Eltern zu erwähnen, die die nächste Generation aufziehen. Der Papst schreibt:

In der Familie werden die ersten Gewohnheiten der Liebe und Sorge für das Leben gehegt, wie zum Beispiel der rechte Gebrauch der Dinge, Ordnung und Sauberkeit, die Achtung des örtlichen Ökosystems und der Schutz aller erschaffenen Wesen. Die Familie ist der Ort der ganzheitlichen Erziehung, wo sich die verschiedenen Momente der persönlichen Reifung ausformen, die eng miteinander verbunden sind. (LS 213)

XIII. Ökologische Spiritualität und Mystik

Das Universum entfaltet sich in Gott, der es ganz und gar erfüllt. So liegt also Mystik in einem Blütenblatt, in einem Weg, im morgendlichen Tau, im Gesicht der Armen. [Fußnote 159:] Ein geistlicher Lehrer, Ali Al-Khawwas, betonte aus eigener Erfahrung ebenfalls die Notwendigkeit, die Geschöpfe der Welt nicht zu sehr von der inneren Gotteserfahrung zu trennen. Er sagte: „Man soll nicht von vornherein diejenigen kritisieren, welche die Verzückung in der Musik oder in der Poesie suchen. Es liegt ein feines Geheimnis in jeder Bewegung und in jedem Laut dieser Welt. Die Eingeweihten gelangen dahin zu erfassen, was der wehende Wind, die sich biegenden Bäume, das rauschende Wasser, die summenden Fliegen, die knarrenden Türen, der Gesang der Vögel, der Klang der Saiten oder der Flöten, der Seufzer der Kranken, das Stöhnen der Betrübten […] sagen." (LS 232)

Eine der Überraschungen der Enzyklika bestand – mit einem weltweiten Echo – in der Tatsache, dass der Papst in ihr einen Mystiker des Islam ausführlich zitierte. Der Name Ali Al-Khawwas war bis dorthin kaum bekannt. Dieser geistliche Lehrer gehörte zu einer mystischen Strömung des Islam, dem sogenannten Sufitum, auch Sufismus genannt. Al-Khawwas hatte sehr viel mit dem heiligen Franziskus gemein. Er lebte in freiwilliger Armut vom Verkauf von Seife und Olivenöl und war auch als Korbflechter tätig. Er reinigte „ehrenamtlich" Moscheen. Berühmt wurde er aber als Ratgeber[22] und starb (nach christlicher Zeitrechnung) im Jahre 1538.

Warum zitierte Papst Franziskus diesen geistlichen Lehrer des Islam? Ich glaube, dass er darauf hinweisen wollte, dass die Mystik auch in anderen Religionen zu finden ist, insbesondere in den monotheistischen, wie Judentum, Christentum und Islam (vgl. Schimmel 1996). Bei aller Verschiedenheit haben diese auch viel Gemeinsames. In unserer Zeit wäre es ja notwendig, weniger auf das Trennende zu schauen. Die Mystik kann in diesem Sinne auch eine Schule der Weitherzigkeit und der religiösen Toleranz werden. Mystik ist ja nicht in erster Linie eine Lehre, sondern vielmehr eine Praxis und ein seelischer Zustand. Wenn man Gott in allen Dingen sucht, dann kann man ihn auch in anderen Religionen finden. Es ist die Sehnsucht von Papst Franziskus, dass die Religionen zusammenarbeiten, um die Umwelt zu schützen. So schreibt er in LS 201:

Der größte Teil der Bewohner des Planeten bezeichnet sich als Glaubende, und das müsste die Religionen veranlassen, einen Dialog miteinander aufzunehmen, der auf die Schonung der Natur, die Verteidigung der Armen und den Aufbau eines Netzes der gegenseitigen Achtung und der Geschwisterlichkeit ausgerichtet ist.

In unserer Gesellschaft besteht eine große Sehnsucht nach mystischem Erleben. Ich habe im Internet bei einer großen Buchversandfirma nachgeschaut, wie viele deutschsprachige Bücher unter dem Suchwort „Mystik" zum Verkauf angeboten werden.[23] Es waren am 10. Mai 2017 immerhin 9009 Titel. Was macht dieses Thema so attraktiv?

Außerdem ist zu sagen, dass viele Personen mystische – oder vorsichtiger ausgedrückt – mystisch-ähnliche Erfahrungen bezüglich der Natur haben. Diese Erlebnisse gehen oft sehr tief und können das Leben stark beeinflussen. Diese Personen können natürlich nicht sofort in aller Klarheit sagen, ob diese Erfahrungen Gotteserfahrungen sind. Mystische Erfahrungen haben nämlich etwas Sonderbares an sich: Sie gehen über die Grenzen des Denkens hinaus. P. Friedhelm Hengsbach S. J. schreibt in seinem Kommentar zu *Laudato si'*: „Auch religiöse, spirituelle, mystische Erfahrungen, sobald wir sie in die Sprachform zu gießen versuchen, die uns verfügbar ist, entziehen sich bereits dem, was wir ursprünglich erfahren haben. Damit wird die Unähnlichkeit dessen, was wir sprachlich zu formulieren suchen, im Vergleich zu dem, was wir ursprünglich erfahren haben, immer größer sein als die Ähnlichkeit." (Hengsbach 2016, 78) In unserer Gesellschaft ist es zudem sehr schwierig, von diesen Erlebnissen zu sprechen, weil wir dann von den Mitmenschen für Wesen angesehen werden, die nicht mit beiden Füßen auf der Erde stehen.

Das Thema der Mystik wird in LS 233 und LS 234 behandelt. Diese sind unter der gemeinsamen Überschrift „Sakramentale Zeichen" zu finden. Es ist notwendig, auch über diese Zusammenhänge nachzudenken. Alle Dinge dieser Welt können nämlich zu Zeichen werden. Hilfreich ist, was Hans Kessler dazu schreibt: „Welttranszendenz und Weltimmanenz Gottes sind zwei zusammengehörige Seiten der Göttlichkeit Gottes. Zu seiner Göttlichkeit gehört gerade, dass er nicht absolut jenseits und außerhalb seiner Schöpfung steht, dass er aber auch nicht in ihr aufgeht oder in ihr erst sich verwirklichte. [...] Gerade weil Gott seine Schöpfung unendlich übersteigt (transzendiert), ist er ihr zutiefst inne (immanent)." (Kessler 1990, 76–77). Alles Geschaffene nimmt daher an der Wirklichkeit dessen teil, der es schuf und erhält. „Kein Geschöpf ist selber göttlich, aber alle geschaffenen Wesen sind Zeichen: Brechungen und endliche Zeichen des unendlichen Gottes und seiner Güte, kleine Wörter Gottes an uns. In der christlichen Sprache findet sich dafür eine ganze Reihe verschiedener Ausdrücke: Die geschaffenen Dinge seien Gleichnisse, Zeichen, Ausdrucksformen, Bilder, Spiegel, Echos, Worte, mehr noch: Spuren und Symbole Gottes, Natur-Sakramente." (Kessler 1998, 77–78).

In dieser Perspektive kann man sagen, dass die Mystik gerade diese Präsenz des Schöpfers in den Dingen entdeckt. Deshalb schreibt Papst Franziskus in LS 234:

Nicht, weil die begrenzten Dinge der Welt wirklich göttlich wären, sondern weil der Mystiker die innige Verbindung erfährt, die zwischen Gott und allen Wesen besteht, und so empfindet: Alle Dinge – das ist Gott.

XIV. Der kosmische Aspekt der Eucharistie

Vereint mit dem in der Eucharistie gegenwärtigen inkarnierten Sohn sagt der gesamte Kosmos Gott Dank. Tatsächlich ist die Eucharistie von sich aus ein Akt der kosmischen Liebe: "Ja, kosmisch! Denn auch dann, wenn man die Eucharistie auf dem kleinen Altar einer Dorfkirche feiert, feiert man sie immer in einem gewissen Sinn auf dem Altar der Welt." Die Eucharistie vereint Himmel und Erde, umfasst und durchdringt die ganze Schöpfung. Die Welt, die aus den Händen Gottes hervorging, kehrt zu ihm zurück in seliger und vollkommener Anbetung. Im eucharistischen Brot „ist die Schöpfung auf die Vergöttlichung, auf die heilige Hochzeit, auf die Vereinigung mit dem Schöpfer ausgerichtet". Darum ist die Eucharistie auch eine Quelle des Lichts und der Motivation für unsere Sorgen um die Umwelt und richtet uns darauf aus, Hüter der gesamten Schöpfung zu sein. (LS 236)

Man kann in diesem Text sehr leicht darüber hinweglesen, dass Papst Franziskus hier die Eucharistie in einer für uns eher ungewohnten Betrachtungsweise vorstellt. Er verbindet sie mit der Schöpfungstheologie und sieht sie nicht ausschließlich in dem stark eingegrenzten Rahmen einer individuellen Frömmigkeit. In dieser Richtung gab es allerdings schon Aussagen der Vorgänger von Papst Franziskus. So etwa von Johannes Paul II., der in seiner Enzyklika *Ecclesia de Eucharistia* vom 17. April 2003 in Erinnerung an die Orte, an denen er die heilige Messe gefeiert hatte, schreibt: „Ja kosmisch! Denn auch dann, wenn man die Eucharistie auf dem kleinen Altar einer Dorfkirche feiert, feiert man sie immer in einem gewissen Sinn auf dem Altar der Welt.“ Wichtig in diesem Sinn ist auch die Predigt von Papst Benedikt XVI., die er am 24. Juli 2009 in der Kathedrale von Aosta hielt, in der er von der „großen Vision“ von Teilhard de Chardin spricht. Doch davon etwas später.

Hier möchte ich zunächst auf ein interessantes Buch eingehen, das von einem erfolgreichen geistlichen Schriftsteller, dem katholischen Priester Hermann-Josef Frisch, geschrieben wurde (Frisch 2016). Es ist insofern ungewöhnlich, weil es in der Form eines fiktiven Briefwechsels von Papst Franziskus und dem Mönch Martin Luther verfasst ist. Ich habe den Kopf geschüttelt, als ich erstmals den Titel sah: *Lieber Martin Luther – lieber Papst Franziskus: Ein Briefwechsel.* Als ich aber den Text des Briefes über die Eucharistie las, bemerkte ich, dass das Gesagte „Hand und Fuß“ hat. Deshalb möchte ich hier einen kleinen Ausschnitt aus diesem Text zitieren. Vor dem Hintergrund einer ständigen Diskussion über die Eucharistie schreibt Franziskus an Martin Luther (nochmals: im erfundenen Brief):

In meinem Schreiben Laudato si' aus dem Jahr 2015 habe ich einen neuen Ansatz zu den sakramentalen Zeichen gewagt, indem ich diese mit der Schöpfungstheologie verbunden habe. [...] Ich weiß, lieber Bruder Martin, dass es in der Geschichte der Christen eine Fülle von Aspekten gegeben hat und gibt, die zum Verständnis der Eucharistie beitragen: Gemeinschaft mit Jesus und den

Christen, Mahl der Einheit und des Friedens, Danksagung und Lobpreis, Gebet und persönliche Frömmigkeit, Fest Gottes mit uns Menschen, Gedächtnis unserer Erlösung, Versöhnung und Vergebung der Sünden, Stärkung für Glauben und Leben und viele andere Aspekte mehr. Ich möchte diesen vielen Traditionen den Aspekt hinzufügen, dass die Eucharistie ein Akt der kosmischen Liebe ist, ein Geschenk Gottes an uns in materiellen Zeichen.

Papst Franziskus setzt dann (im fiktiven Briefwechsel) fort:

Es hat sich nun gezeigt, dass jede Zeit der Kirchengeschichte aufgrund ihrer besonderen kulturellen und gesellschaftlichen Situation in unterschiedlicher Weise Aspekte der Eucharistie in den Vordergrund geschoben hat und andere weniger beachtet. Da war zu deiner Zeit die Messe als Opfer der entscheidende Punkt, das letzte Konzil betonte eher die Mahlgemeinschaft; da war am Anfang die Verheißung künftiger Herrlichkeit ein entscheidender Aspekt, heute ist es vielleicht eher das Fest, das Gott mit uns Menschen durch Christus feiern will – oder der von mir genannte Gedanke einer Vereinigung von Himmel und Erde. Man darf diese unterschiedlichen Aspekte nicht werten oder gegeneinander ausspielen. (Frisch 2016, 137–138)

Natürlich folgte – allerdings nur im Buch – auch von Bruder Martin ein Antwortbrief! Doch nun genug der Zitation aus dem Buch von Hermann-Josef Frisch!

Sicherlich wurde Papst Franziskus bezüglich seiner Auffassung vom kosmischen Aspekt der Eucharistie von den Schriften seines Mitbruders im Jesuitenorden, Pierre Teilhard de Chardin (1881–1955), beeinflusst. Teilhard de Chardin war ein bedeutender französischer Paläontologe und beteiligte sich in China an der Ausgrabung und Auswertung des Peking-Menschen, des Sinanthropus Pekinensis, dessen versteinerte Überreste immerhin 780.000 Jahre alt sind.[24] Als Theologe versuchte er Brückenbauer zu sein zwischen der Evolutionsbiologe und der Schöpfungslehre. Von der katholischen Kirche wurden seine Schriften lange Zeit nicht akzeptiert. Teilhard de Chardin war überzeugter Priester und hatte beim Anblick der Hostie einige mystische Erfahrungen, die tief sein ganzes Leben beeinflussten und ihm in weiterer Folge zum Entwurf seiner Weltsicht verhalfen (Benke 2004, 27). Die eucharistische Wandlung geht daher über das Stück Brot hinaus. „Die Einsetzungsworte dienen dem Wachstum des mystischen Leibes Christi sowie der Weihe des Kosmos." (Benke 2004, 34).

Papst Franziskus zitiert Teilhard de Chardin in der Fußnote von LS 83 und verweist auf die schon erwähnte Predigt, die Papst Benedikt XVI. in der Kathedrale von Aosta am 24. Juli 2009 gehalten hatte. Benedikt XVI. sprach zum Klerus und sagte, nachdem er zwei Stellen des Römerbriefes ausgelegt hatte:

Die Funktion des Priestertums ist es, die Welt zu weihen, damit die Welt eine lebendige Hostie wird, damit die Welt Liturgie wird: Die Liturgie soll nicht etwas sein, das neben der Wirklichkeit der Welt existiert, sondern die Welt selber soll lebendige Hostie werden, sie soll Liturgie werden. Das ist die große Vision, die später auch Teilhard de Chardin hatte: dass es am Ende eine wahre kosmische Liturgie geben wird, wo der Kosmos lebendige Hostie wird. Bitten wir den Herrn, dass er uns helfen möge, Priester zu sein in diesem

Sinne, dass wir zur Verwandlung der Welt beitragen, in der Anbetung Gottes, und dass wir bei uns selbst anfangen.

In diesem Zusammenhang ist auch der Text von LS 235 wichtig. Franziskus schreibt dort:

Die Sakramente sind eine bevorzugte Weise, in der die Natur von Gott angenommen wird und sich in Vermittlung des übernatürlichen Lebens verwandelt. Über das kultische Geschehen sind wir eingeladen, die Welt auf einer anderen Ebene zu umarmen. Das Wasser, das Öl, das Feuer und die Farben werden mit ihrer ganzen Symbolkraft aufgenommen und in den Lobpreis eingegliedert [...]. Wir entfliehen nicht der Welt, noch verleugnen wir die Natur, wenn wir Gott begegnen möchten.

XV. Der heilige Franziskus und seine Vorstellung vom Klostergarten

Gedanken zur Biodiversität

Deshalb forderte Franziskus, im Konvent immer einen Teil des Gartens unbebaut zu lassen, damit dort die wilden Kräuter wüchsen und die, welche sie bewunderten, ihren Blick zu Gott, dem Schöpfer solcher Schönheit, erheben könnten. (LS 12)

Diese Erzählung könnte man vielleicht beim ersten Lesen als nette Episode abtun und nicht weiter beachten. Sie ist aber bedeutend hintergründiger, als es vielleicht scheint. Ein unbebauter Garten – was sind die Folgen? Höchstwahrscheinlich wird Unkraut wachsen, oder besser gesagt: was wir für Unkraut halten. Franziskus setzt konsequent das in die Praxis um, was in der Enzyklika als universale Geschwisterlichkeit beschrieben wird. Der Papst schreibt daher in LS 11:

Deshalb fühlte er sich berufen, alles zu hüten, was existiert. Sein Jünger, der heilige Bonaventura, erzählte: „Eingedenk dessen, dass alle Geschöpfe ihren letzten Ursprung in Gott haben, war er von noch überschwänglicherer Zuneigung zu ihnen erfüllt. Auch die kleinsten Geschöpfe nannte er deshalb Bruder und Schwester.“ Diese Überzeugung darf nicht als irrationaler Romantizismus herabgewürdigt werden, denn sie hat Konsequenzen für die Optionen, die unser Verhalten bestimmen.

Die Geschichte von den Klostergärten des heiligen Franziskus brachte mich auch dazu, über die Funktion des Gartens in unserer Zeit nachzudenken. Viele Menschen haben einen Garten und verbringen viel Zeit in ihm.

Der Garten ist eine „Zwischenwelt" (Ammann 2006): der Raum zwischen dem Haus oder der Wohnung und der weiten Naturlandschaft. Er ist ein abgegrenztes, eingezäuntes, eingefriedetes Stück Land, das als solches überschaubarer ist als die freie Natur. Er gehört fast zu unserer Privatsphäre, und wir haben deshalb zum Garten eine viel persönlichere Beziehung als etwa zur gesamten Landschaft. Zugleich ist der Garten bei aller Abgrenzung nicht nur vom Besitzer abhängig, sondern auch von der weiteren Natur, von den Pflanzen und der Tierwelt, von den großen elementaren Naturkräften wie Trockenheit, Hitze, Regen, Hagel und Frost. Mit einfachen Worten gesagt: Der Garten bietet uns eine besondere Hilfe, um die Natur wahrzunehmen und von ihr zu lernen. Da er nicht allzu viele Pflanzenarten enthält, können wir uns einüben, etwas über die Biodiversität zu lernen. Ferner werden wir gewahr, dass die Natur ihre Rhythmen hat. Papst Franziskus betont sehr stark die Notwendigkeit, dass der Mensch wieder das Gespür für die Rhythmen der Natur bekommt (vgl. LS 71, 161, 190). Ausgehend von der gegenwärtigen Wirtschaft, schreibt er über diese Rhythmen:

Innerhalb des Schemas der Rendite ist kein Platz für die Gedanken an die Rhythmen der Natur, an ihre Zeiten des Verfalls und der Regenerierung und an die Kompliziertheit der Ökosysteme, die durch das menschliche Eingreifen gravierend verändert werden können. Außerdem wird, wenn von biologischer Vielfalt die

Rede ist, diese letztlich als ein Reservoir wirtschaftlicher Ressourcen betrachtet, das ausgebeutet werden könnte. (LS 190)

In LS 18 spricht der Papst von der ständigen Beschleunigung – er benennt sie mit dem spanischen Wort *rapidación* – in unserer Gesellschaft, die im Gegensatz „zu der natürlichen Langsamkeit der biologischen Evolution" steht. In LS 71 schreibt er über die Wiederentdeckung und die Achtung der Rhythmen, „die durch die Hand des Schöpfers in die Natur eingeschrieben sind". In diesem Zusammenhang spricht er auch vom Sabbat und vom Sabbatjahr. Im Garten kann man sehr gut lernen, was ein Rhythmus der Natur ist. Und gewollt oder ungewollt kann man auch das Warten lernen.

Nebenbei gesagt: Ich selbst habe leider keinen Garten. Deshalb habe ich vor ein paar Jahren unmittelbar am Rand der Straße, an der ich wohne, ein paar ungepflegte und unbenützte Quadratmeter dieses Grundes für mich „beschlagnahmt", und ich baue dort zur Freude meiner Nachbarn Zierpflanzen an. In der Zwischenzeit habe ich erfahren, dass diese Vorgehensweise von der Großstadt New York seinen Anfang genommen hat und in vielen Städten jetzt verbreitet ist. Im Englischen hat man dafür den eher lustigen Titel „Guerilla gardening" geprägt.[25] Man spricht auch von „Urban gardening". Man kann dieses Phänomen jetzt auch in Wien beobachten. Allerdings hat man dafür eigene Regeln aufgestellt. In den Großstädten hat der Mensch eine ausgesprochene Sehnsucht nach Natur. In LS 44 schreibt Papst Franziskus: „Es entspricht nicht dem Wesen der Bewohner dieses Planeten, immer mehr von Zement, Asphalt, Glas und Metall erdrückt und dem physischen Kontakt mit der Natur entzogen zu leben."

Wenn man lange genug in die Schule des eigenen Gartens gegangen ist, kann es sein, dass sich in einem die Sehnsucht regt zu erfahren, wie die Natur in ein paar Quadratkilometern der Umgebung beschaffen ist. Auch hier ist es angebracht, eher bescheiden anzufangen. Ich denke dabei an das interessant geschriebene Buch des amerikanischen Schriftstellers Chet Raymo, der den Weg zu der Schule, an der er unterrichtete, jeden Tag zu Fuß gegangen ist und durch die Jahreszeiten die Natur von seinem Weg aus genau beobachtete und nachher auch beschrieb: *Mein täglicher Spaziergang durch das Universum* (Raymo 2004). Unter Umständen könnte man sich auch auf eine Wiese konzentrieren und sehen, welche Pflanzen dort im Lauf des Jahres wachsen. Ich persönlich bin nämlich der Ansicht, dass es nicht sehr viel Sinn hat, sich über die ständige Verminderung der Biodiversität im eigenen Land zu beschweren, wenn man mit einer höchst interessanten und seltenen Pflanze, die zweihundert Meter vor der eigenen Haustüre wächst, absolut nichts anfangen kann und natürlich auch nicht ihren Namen weiß. Man darf nicht alles allein den Fachleuten, den Biologen, überlassen. Es gibt sehr schöne Bücher über die Pflanzen eines Landes. Allerdings ist es angebracht – auch wenn man kein Botaniker ist –, den ungefähren lateinischen Namen einer Pflanze zu kennen. Das Internet bietet jetzt ganz neue und interessante Möglichkeiten. Man findet derartig viele Fotografien einer Pflanze, dass durch sie eine zumindest ungefähre Bestimmung möglich wird. Das kann nicht ganz unwichtig sein, wenn man für den Naturschutz kämpfen will. In diesem Fall kann man sich nicht darauf beschränken zu sagen, dass man dort oder dort ein schönes Blümchen gesehen hat ... Die Bürokratie will leider genauere Angaben. Aber auch sonst ist es einfach nur schön, eine Pflanze mit ihrem Gattungs- und ihrem Artnamen zu kennen, genauso wie es schön ist, von manchen Menschen den Familien- und den Vornamen zu wissen.

XVI. Der Dialog mit anderen Religionen

Der größte Teil der Bewohner des Planeten bezeichnet sich als Glaubende, und das müsste die Religionen veranlassen, einen Dialog miteinander aufzunehmen, der auf die Schonung der Natur, die Verteidigung der Armen und den Aufbau eines Netzes der gegenseitigen Achtung und der Geschwisterlichkeit ausgerichtet ist. (LS 201)

Der Grund, warum ich unbedingt diesen relativ allgemein gehaltenen Wunsch von Papst Franziskus nach einem interreligiösen Dialog bezüglich des Naturschutzes hier anführen will, ist der, weil ich bei meiner Recherche über dieses Thema auf zwei sehr konkrete Projekte eines solchen Dialoges gestoßen bin, die zeigen, dass der gewünschte Dialog auch Themen berühren kann, die einen Bezug zur Alltagserfahrung des Menschen haben können.

Im Jahr 2016 hat das deutsche Bundesamt für Naturschutz ein interessantes Buch veröffentlicht, das von Wissenschaftlern der Universität Bonn fertiggestellt worden war. Es hat den Titel: *Die Pflanzen der Heiligen Bücher Bibel und Koran* (Barthlott/Oberholzer/Rafiqpoor 2016). Das Buch hat 106 Seiten und kann aus dem Internet gratis heruntergeladen werden. Bisher gab es – zumindest im deutschen Sprachgebiet – über dieses Thema kaum eine gediegene und ausführliche Veröffentlichung. Diese Publikation hat aber auch eine andere Besonderheit. Die Schlüsselwörter und die Pflanzennamen sind in arabischer, hebräischer und in deutscher Sprache wiedergegeben. Dies geschah auch in Hinblick auf den interreligiösen Dialog. Die sogenannten abrahamischen (auch: abrahamitischen) Religionen, Christentum, Islam, Judentum, haben ja auch sehr viel Gemeinsames. Diese Heiligen Schriften wurden in einem geografisch sehr eng umschriebenen Gebiet offenbart, kleiner als die Fläche der Bundesrepublik Deutschland (ebd.). Wenn eine staatliche Institution solche Publikationen finanziell unterstützt, stehen dahinter auch sehr nüchterne Überlegungen, die im Vorwort auch angegeben werden. So etwa:

- „Religion ist eine zentrale Wert-Ressource und gibt Orientierung für ethische und rechtliche Normen."
- „In vielen Entwicklungsländern genießen Religionsvertreter zum Teil ein deutlich höheres Vertrauen als der Staat."
- „Religionsgemeinschaften bilden Netzwerke, die auf lokaler Ebene oft bis in die abgelegensten Gebiete reichen."
- „Die Bewahrung der Schöpfung ist ein zentrales Anliegen der meisten Religionen." (aaO., 8)

Einer der Gründe dafür, dass eine solche Publikation durch den Staat eine finanzielle Unterstützung erhielt, ist sicherlich in der Tatsache zu sehen, dass nach Deutschland derzeit in sehr großer Anzahl Migranten und Migrantinnen kommen, die keine Anhänger des christlichen Glaubens sind. Diese Menschen sollen aber – auch im Interesse des Staates – unbedingt einbezogen werden in den Naturschutz ihrer neuen Heimat.

Das zweite Projekt, von dem hier berichtet werden soll, befindet sich allerdings noch in der Planungsphase. Auch hier ist das deutsche Bundesamt für Naturschutz beteiligt. In einem Dialogprozess mit neun Religionsgemeinschaften hat man beschlossen: „Es soll Kommunikationsarbeit dafür betrieben werden, dass Freiflächen um religiöse Gebäude stärker als bisher zu Orten der biologischen Vielfalt werden.“ (aaO., 10). Man kann annehmen, dass solche Projekte von der Regierung auch finanziell unterstützt werden sollen. Diese Idee erinnert mich persönlich an den Garten des heiligen Franziskus, der „forderte, im Konvent immer einen Teil des Gartens unbebaut zu lassen, damit dort die wilden Kräuter wüchsen und die, welche sie bewunderten, ihren Blick zu Gott, dem Schöpfer solcher Schönheit, erheben könnten“ (LS 12). Die Klöstergärten haben durch Jahrhunderte Menschen beeinflusst, etwa durch die Klostermedizin. Die damit verbundenen Themen erleben jetzt wieder eine Renaissance, wenn man die Zahl der Publikationen über die Klostermedizin betrachtet. Das Projekt des Bundesamtes für Naturschutz bezieht sich aber nicht auf die geschlossenen Klostergärten. Aus einem Prospekt des Abrahamischen Forums in Deutschland geht hervor, dass es sich um „die Ausgestaltung von Freiflächen um Gebäude wie Synagogen, Tempel, Kirchen, Moscheen, Cem-Häuser [Gebetsstätten der Aleviten] oder Friedhöfe“ handelt.[26] Ein Gelingen einer solchen Unternehmung würde sicherlich viele Menschen auf die Notwendigkeit einer ökologischen Umkehr hinweisen.

XVII. Was ist mit „ästhetischer Erziehung“ gemeint?

In diesem Zusammenhang „darf die Beziehung, die zwischen einer angemessenen ästhetischen Erziehung und der Erhaltung einer gesunden Umwelt besteht, nicht vernachlässigt werden“. (LS 215)

Dieser Satz befindet sich im sechsten Kapitel der Enzyklika, das die Überschrift trägt: „Ökologische Erziehung und Spiritualität“. Beide Themen gehören eng zueinander und bedingen sich gegenseitig. Leider ist in diesem kurzen Text nicht angegeben, worin die ästhetische Erziehung besteht. Da es sich um ein wichtiges Thema handelt, sei hier eine etwas längere Erklärung erlaubt.

Wenn wir von Ästhetik hören, denken wir vielleicht an ein elitäres Thema wie Kunst oder Kunsterziehung. Das wäre zu einseitig. Papst Franziskus zitiert hier einen Satz von Papst Johannes Paul II., und die Fußnote 150 teilt mit, wo sich dieser befindet, nämlich in seiner Botschaft zum Weltfriedenstag 1990. Johannes Paul II. sprach in diesem Schreiben über die Schönheit, die sowohl bei der Betrachtung der Natur als auch bei der Betrachtung „der vom menschlichen Genius geschaffenen Werke“ insbesondere in der Architektur wahrgenommen werden kann. In diesem Kontext sieht er das Thema „ästhetische Erziehung“. Da Johannes Paul II. vor seiner Papstwahl bereits 1954 einen Lehrauftrag für Philosophie und Sozialethik an der Katholischen Universität von Lublin in Polen innehatte, kann man mit Sicherheit annehmen, dass er wusste, dass das Thema „ästhetische Erziehung“ in der Geschichte der Philosophie eine große Rolle innehatte. Bekannt wurde es vor allem durch die Veröffentlichungen des deutschen Dichters, Philosophen und Historikers Friedrich Schiller (1759–1805) *Über die ästhetische Erziehung des Menschen, in einer Reihe von Briefen*, entstanden zwischen 1793 und 1794. Schiller war von der Französischen Revolution (1789–1799) enttäuscht und bemühte sich daher um eine für den Menschen ausgewogenere Bildung als diejenige, die im Zeitalter der Aufklärung bevorzugt wurde. Schiller sah, dass die Vernunft allein nicht genügt, und wollte daher auch dasjenige miteinbeziehen, was der Mensch aufgrund seiner Sinne erfahren kann. Daher ging er von der wörtlichen Bedeutung des altgriechischen Wortes *aisthesis* aus, die mit „Sinneseindruck“, „Gefühl“, „Wahrnehmung“, „Empfindung“ oder „Erkenntnis“ übersetzt werden kann (Agostini 2014, 3). In diesem Sinne hat „ästhetisch“ eine breitere Bedeutung und bezieht sich daher nicht nur auf Kunstwerke im engeren Sinne.

Diese ursprüngliche Bedeutung von Ästhetik, der Lehre von den sinnlichen Wahrnehmungen, rückte jedoch bis in unsere Zeit vielfach in den Hintergrund. Heutzutage beginnt man wiederum wahrzunehmen, dass eine einseitig rationalistische Bildung ungenügend ist. Ein Vorkämpfer für die ästhetische Erziehung war der Schweizer Biologe, Zoologe, Anthropologe und Naturphilosoph Adolf Portmann (1897–1982). In seinen Werken und Vorträgen, insbesondere in seinem Artikel *Biologisches zur ästhetischen Erziehung*

(Portmann 1963, 63) wies er darauf hin, dass wir einen sinnlichen Zugang zur Natur finden sollen. In diesem Sinne kritisierte er auch die Entwicklung in der modernen Biologie. Das Verständnis durch Begriffe und mathematische Formeln genügt nicht. Natur ist zunächst etwas, dem ich begegne, das ich erlebe, empfinde und an dem ich etwas fühle. Ästhetische Erziehung ist nach Portmann sowohl für die Jugendlichen als auch für die Erwachsenen bestimmt. Wenn er die Schule kritisiert, sagt er: „Es geht mir um Kritik an den Zielsetzungen der Formung von Menschen – nicht um Schulkritik. Wenn ich von der Schule spreche, so dient sie lediglich als Beispiel für das größere Ganze der Gesellschaft, von dessen Geist sie zeugt [...]. Ich bin daher ein Gegner der bequemen Schulkritik, und meine Anstrengung richtet sich auf das Umfassendere, von dem die Schule ja nur der getreue Ausdruck sein kann." (Portmann 1963, 247).

In der Folgezeit hatte A. Portmann einen großen Einfluss auf andere Autoren – so etwa auf Georg Theunissen. Dieser veröffentlichte 1997 ein interessantes Buch mit dem Titel: *Basale Anthropologie und ästhetische Erziehung. Eine ethische Orientierungshilfe für ein gemeinsames Leben und Lernen mit behinderten Menschen* (Theunissen 1997). Das Thema der ästhetischen Erziehung sieht er aber nicht unter dem Gesichtspunkt einer Therapie: „Denn einer ästhetischen Erziehung ist es primär um Bildung und nicht um Therapie zu tun." (aaO., 122) Er situiert die Notwendigkeit der ästhetischen Erziehung im Gesamtgefüge unserer heutigen Gesellschaft: „Veränderte Umweltbedingungen (z. B. Zerstörung von Landschaften, Vernichtung von Wäldern, Bebauung von Grünflächen, Verkehrszunahme, Betonierung kultureller Orte), veränderte

Familienstrukturen und familiale Lebensbedingungen (z. B. Anstieg von nichtehelichen Lebensgemeinschaften, Scheidungs- und Einzelkindern; Erosion traditioneller Rollenverständnisse und Erziehungsnormen) sowie Einflüsse neuer Medien- und Computertechnologien haben in der Postmoderne zu einem deutlichen Wandel kindlicher Lebenserfahrungen und Aneignungsformen geführt." (aaO., 123) Angesichts der Einbuße an Primärerfahrungen, der „Verdünnung des Bereichs des unmittelbaren Erlebens" und der Zunahme von „Erfahrungen aus zweiter Hand" fordert Theunissen die Entwicklung einer öko-ästhetischen Bildung.

Gegenwärtig ist man sich immer mehr der Notwendigkeit einer ästhetischen Bildung bewusst. Die Autoren, die derzeit dieses Thema behandeln, betonen, dass sich diese Erziehung in drei Dimensionen entfaltet:

1. Die Aisthesis, das sinnenhafte Wahrnehmen: Sehen – Hören – Riechen – Tasten – Schmecken – Fühlen – Empfinden. Unsere Sinne sind „Tore zur Welt" und gleichzeitig „Tore zur Innenwelt". Freilich geht es dabei nicht um das Training einer isolierten Sinnesschulung, sondern um eine ganzheitliche Erfassung der Umwelt. Die Emotionen, die persönlichen Vorlieben und Abneigungen sollen dabei nicht verdrängt werden. Ästhetik ist daher alles, was unsere Sinne bewegt, wenn wir es betrachten: Schönes, Hässliches, Angenehmes und Unangenehmes. Angestrebt wird daher eine Integration von Rationalität und Sinnlichkeit (Hilger 2000).

Ästhetische Erziehung ist daher „die Erziehung zur Wahrnehmungs-, Empfindungs- und Genussfähigkeit, die Pflege der Fähigkeit zu staunen, die Sensibilisierung der Aufmerksamkeit dafür, welche Umgebung „der eigenen Seele gut tut", die Ausbildung eines liebevoll-achtsamen Verhältnisses zu den natürlichen Erscheinungen, die einem zum Beispiel den Duft einer Blume oder den Gesang eines Vogels wertvoll sein lassen." (Bittner 1995, 33)

Diese ökologische Orientierung ist schon in Anbetracht ihrer ethischen Implikationen (Ehrfurcht vor dem Lebendigen) wertvoll an sich. „Zugleich kann sie aber auch neue oder verschüttete Quellen künstlerischen Erlebens und Tuns erschließen und somit ‚kunstpädagogisch' wirksam sein." (Theunissen 1997, 127) Allerdings braucht eine ästhetische Wahrnehmung immer genügend Zeit und Muße und darf nicht unter Erfolgsdruck stehen.

Waldkindergärten, Erlebnispädagogik und die moderne Kunstrichtung „Landart" (Bestle-Körfer/Stollenwerk/Heinlein 2009) betonen stark die Wahrnehmung der Natur durch die Sinne.

2. Die ästhetische Wahrnehmung als Poiesis – (das Ausdrücken) (Hilger 2000, 204). (Poiesis kommt vom altgriechischen Wort *poiéo* = machen. Auch das Wort Poesie ist damit verwandt). Die ästhetische Bildung bringt es mit sich, dass man bewusster erlebt und dadurch dann seine Empfindungen und Gefühle durch Erzählen, Malen, Gestalten Spielen usw. ausdrücken kann. Ein Beispiel für einen schönen Text, der aus einer reichen inneren ästhetischen Erfahrung hervorgegangen ist, befindet sich in der Enzyklika. Papst Franziskus zitiert den heiligen Johannes von Kreuz: „Die Gebirge haben Höhenzüge, sind reichhaltig, weit, schön, reizvoll, blumenübersät und dufterfüllt.[...] Die abgelegenen Täler sind ruhig, lieblich, kühl, schattig, voll süßer Gewässer; mit der Vielfalt ihres Baumbewuchses und dem zarten Gesang der

Vögel verschaffen sie dem Reich der Sinne tiefe Erholung und Wonne und bieten in ihrer Einsamkeit und Stille Erfrischung und Ruhe.“ (LS 234)

3. Die Katharsis (das Beurteilen). Katharsis heißt wörtlich „Reinigung“. Eine intensive Wahrnehmung der Natur kann mich auch zu einer Stellungnahme, einer Beurteilung führen. Zum Beispiel: Diese Landschaft ist so schön und angenehm, dass sie meiner Seele gut tut, oder auch: Diese Gegend ist nicht gut für mich, sie wird mich krank machen. Eine intensive Wahrnehmung führt uns zu einer seelischen Bewusstheit. Papst Franziskus spricht im Zusammenhang mit der ästhetischen Erziehung von „der Erhaltung einer gesunden Umwelt“. Wenn wir aber eine Landschaft oder eine Stadt nicht tief genug wahrnehmen, können wir es unter Umständen gar nicht bemerken, dass sie unserer Gesundheit abträglich ist. Die Katharsis führt dazu, dass die Frage nach der Wahrheit, nach der Qualität, nach dem Schutz vor Propaganda und Manipulation (etwa im Werbefernsehen) aktuell wird (Hilger 2000, 206–207).

XVIII. Die Grundeinstellung der Dankbarkeit

Diese Umkehr setzt verschiedene Grundeinstellungen voraus, die sich miteinander verbinden, um ein großherziges und von Zärtlichkeit erfülltes Umweltengagement in Gang zu bringen. An erster Stelle schließt es Dankbarkeit und Unentgeltlichkeit ein, das heißt ein Erkennen der Welt als ein von der Liebe des himmlischen Vaters erhaltenes Geschenk […]. Da die ökologische Umkehr die besonderen Fähigkeiten, die Gott ihm verliehen hat, wachsen lässt, bringt sie den Glaubenden außerdem dazu, seine Kreativität zu entfalten. (LS 220)

Papst Franziskus spricht hier nicht von vorübergehenden Gefühlen der Dankbarkeit, die wir hie und da haben können. Er meint hingegen eine Grundeinstellung, eine Daseinshaltung – das heißt eine größere Orientierung unseres Lebens. Diese zu erlangen geht nicht von heute auf morgen. Dazu sind viele Erfahrungen nötig. Außerdem soll klar sein, dass er hier kein Gefühl der Verpflichtung zum Dank meint. Dieses wäre eher ein negatives Gefühl.

Hand aufs Herz: Erkennen wir die Welt immer „als ein von der Liebe des himmlischen Vaters erhaltenes Geschenk"? Manches Mal setzt uns dieses Geschenk auch gewaltig zu! Die Dankbarkeit einzuüben ist ein notwendiger Lernvorgang, der meistens auch nicht besonders schnell vor sich geht.

In einem interessanten Buch der Schriftstellerin Inka Faltynowicz fand ich diese klugen Sätze, die uns weiterhelfen können:

Es ist nicht die Gabe selbst, sondern die Wertschätzung der Gabe, die bestimmt, ob wir Dankbarkeit empfinden. Der Alltag vergisst jedoch gerade das wertzuschätzen, was unermüdlich jeden Tag gegeben wird. Denn im Unterschied zu allem Neuen und Ungewohnten, das unsere Aufmerksamkeit weckt, bewirkt das Alltägliche, das Gewohnte, „ein Zurücknehmen der Aufmerksamkeit" [...] und wird somit nicht einmal wahrgenommen. Sofern wir es nicht wahrnehmen, werden wir es nicht zu schätzen wissen – selbst wenn jemand aus tiefster Liebe etwas für uns tut. Denn unsere Wertschätzung ist unmittelbar von unserer Wahrnehmung abhängig. (Faltynowicz 2016, 27)

Ein anderer Faktor, warum uns die Dankbarkeit schwerfällt, besteht in der Tatsache, dass unsere Aufmerksamkeit eher nach Problemen und Gefahren Ausschau hält. Im Laufe der Evolution hatte es ja einen Sinn, sich sehr gut zu merken, wie eine giftige Pflanze oder ein gefährliches Tier aussah. Negative Inhalte wie Gefahren bekamen daher eine größere Valenz als positive.

Wie wird die Grundeinstellung der Dankbarkeit erworben? Dankbare Menschen konzentrieren sich nicht so sehr darauf, was ihnen fehlt, sondern sie kultivieren den Blick auf das Positive und achten darauf, was sie in ihrem Leben bereits geschenkt bekommen haben. „Die Dankbarkeit ist Teil einer größeren Lebensorientierung in Richtung der Anerkennung und Wertschätzung des Positiven in der Welt." (Faltynowicz 2016, 38) In dieser Hinsicht ist es angebracht, über manche Fragen nachzudenken, etwa: Wofür bin ich dieser Erde dankbar? Welche schönen Landschaften habe ich schon gesehen? Welche Talente habe ich von Gott bekommen? Was haben andere für mich getan? Bin ich dankbar, dass ich mich mit dieser Welt auseinandersetzen kann?

Leider machen es sich manche Menschen furchtbar schwer, indem sie in einer einseitigen Weise nur das Negative in ihrem Leben, insbesondere in ihrer Vergangenheit, sehen. Man kann sie kaum davon abbringen. Es tut mir leid, dass sie dann auch von ihren Mitmenschen gemieden werden. Außerdem haben Studien herausgestellt, dass sie aufgrund ihrer Unzufriedenheit gesundheitlich gefährdet sind. Vielleicht ist das der Grund dafür, dass derzeit sehr viele Bücher über die Wichtigkeit der Dankbarkeit in den Buchhandlungen erhältlich sind. Viele von diesen Autoren schlagen ihren Lesern vor, ein „Dankbarkeits-Tagebuch“ zu führen, in dem sie täglich drei bis vier positive Erlebnisse anführen, wofür sie dankbar sind.

Im Zusammenhang mit der Dankbarkeit ist es auch notwendig, von der Genügsamkeit zu sprechen. In LS 223 spricht Papst Franziskus von Menschen, „die auf der ständigen Suche sind nach dem, was sie nicht haben“, und „hier und da und dort etwas aufpicken wollen“. Er rät ihnen, jeden Menschen und jedes Ding zu würdigen und zu lernen, „mit den einfachsten Dingen in Berührung zu kommen und sich daran zu freuen“. Sicherlich hat es auch einen Sinn, unzufrieden zu sein. Die Unzufriedenheit soll aber nicht zu einem „versessenen Streben“ werden.

Zur Dankbarkeit gehört auch noch ein anderer Aspekt, der sehr wichtig ist. „Zum Wesen der Dankbarkeit gehört es – so schreibt Inka Faltynowicz –, dass sie ein Empfinden und ein Handeln in einem ist." (Faltynowicz 2016, 24) Die Dankbarkeit drängt förmlich danach, sich auch nach außen kund zu tun. Zum Beispiel: Wenn uns schöne Erlebnisse mit der Natur geschenkt worden sind, wollen wir die Schöpfung auch beschützen. Das ist wahrscheinlich auch die Erklärung dafür, warum Papst Franziskus im selben Abschnitt, in dem er von der Dankbarkeit spricht, auch erwähnt, dass die besonderen Fähigkeiten, die Gott uns verliehen hat, im Schutz der Natur wachsen und dass der Mensch seine Kreativität gerade hier verwirklichen kann. Ich denke etwa an Menschen, die sich bei den Behörden für den Naturschutz einsetzen; an Lehrer, die den Kindern ihre eigene Begeisterung bezüglich der Natur mitteilen; an Biologen, die gerechte Gutachten für den Naturschutz verfassen; an Tierfotografen, die mit äußerster Geduld Tiere fotografieren, die vom Aussterben bedroht sind. Man könnte diese Liste fortführen. Viele Menschen machen dies oft, „ohne eine Gegenleistung zu erwarten" (LS 220). „Umsonst habt ihr es empfangen, umsonst sollt ihr es geben." (Mt 18,8)

XIX. „Weniger ist mehr“

Die Genügsamkeit

Die christliche Spiritualität schlägt ein anderes Verständnis von Lebensqualität vor und ermutigt zu einem prophetischen und kontemplativen Lebensstil, der fähig ist, sich zutiefst zu freuen, ohne auf Konsum versessen zu sein. Es ist wichtig, eine alte Lehre anzunehmen, die in verschiedenen religiösen Traditionen und auch in der Bibel vorhanden ist. Es handelt sich um die Überzeugung, dass „weniger mehr ist“. Die ständige Anhäufung von Möglichkeiten zum Konsum lenkt das Herz ab und verhindert, jedes Ding und jeden Moment zu würdigen […] Die christliche Spiritualität regt zu einem Wachstum mit Mäßigkeit an und zu einer Fähigkeit, mit dem Wenigen froh zu sein. Es ist eine Rückkehr zu der Einfachheit, die uns erlaubt, innezuhalten, um das Kleine zu würdigen, dankbar zu sein für die Möglichkeiten, die das Leben bietet, ohne uns darüber zu grämen, was wir nicht haben. (LS 222)

Bevor ich einen Kommentar zu diesem Text schreiben wollte, setzte ich mich an den Computer und schaute nach, was unter dem Satz „Weniger ist mehr“ im Internet zu finden ist. Die Überraschung war groß! Es wurden mehr als 500.000 Ergebnisse angezeigt. Besonders viele Resultate bezogen sich auf Bücher, die Anweisungen geben, wie man die eigene Wohnung entrümpeln kann. Natürlich interessiert man sich vor allem in den Ländern der nördlichen Halbkugel für diese

Ratgeberliteratur. Diese Bücher geben ganz einfache Rezepte, aber behandeln auch anspruchsvollere Methoden. Eine ganz einfache Vorgehensweise ist etwa die Drei-Kisten-Methode. Man stellt drei große Schachteln auf. Die erste Schachtel ist für das bestimmt, was man aufheben will. Die zweite Schachtel ist für die Dinge, die man selbst nicht mehr benützen will, die aber noch gut sind. Man kann sie verkaufen oder verschenken. Die dritte Schachtel dient für den Abfall. Nebenbei bemerkt: Nicht umsonst spricht Papst Franziskus von einer Wegwerfkultur (LS 16, LS 22, LS 43). Die feineren Methoden des Wegwerfens kombinieren das Entrümpeln mit Feng Shui oder anderen fernöstlichen Philosophien.

Im Lauf der Zeit sammelt sich sehr viel an in unseren Kellern, Dachböden, persönlichen Bibliotheken und auf den Festplatten unserer Computer. Das ist an und für sich etwas sehr Menschliches. Leider werden im Laufe der Zeit die Dinge immer mehr. Das, was aber nicht mehr wird, ist die Zeit, die uns zur Verfügung steht. Der Tag hat nach wie vor nur 24 Stunden. Um sich aber an einer Sache richtig freuen zu können, braucht man Zeit. Das hat auch die Wegwerfliteratur verstanden. Die meisten Ratgeber empfehlen nämlich, nur das aufzuheben, woran man sich freuen kann. Man kann sich dann endlich nur diesen Dingen widmen in der wenigen Zeit, die man zur Verfügung hat. Dabei wird uns bewusst, dass Besitz nicht das Gleiche wie Bereicherung bedeutet.

Das Streben nach Dingen ist uns angeboren und daher an und für sich nichts Schlechtes. Es kann aber auch ausarten. Es gibt eine ständige Steigerung. Papst Franziskus gebraucht verschiedene Ausdrücke. Er spricht von der Versessenheit auf Konsum (LS 222), vom Ausplündern und Ausbeuten der

Natur (LS 11), von der Ausnützung von Menschen (LS 12), von der Unersättlichkeit (LS 204, LS 213), von einem „versessenen Streben". Sogar die Jugend ist schon von diesen Einstellungen gefährdet (LS 209). Papst Franziskus nennt auch die ganz schweren Formen der Habgier mit Namen: Menschenhandel, organisierte Formen der Kriminalität, Handel mit Blutdiamanten (Unterstützung von Kriegen durch den Verkauf von Diamanten), Handel von Fellen aussterbender Tierarten, Erwerb von Organen von Armen (LS 123).

Ob es nun leichte Formen oder schwere Formen von Habgier sind, sie haben in verschiedener Intensität immer etwas gemeinsam: Sie lassen den Menschen wenig Zeit zur Verfügung. Der Soziologe Wolfgang Sofsky schrieb ein interessantes Werk mit dem Titel: *Das Buch der Laster.* Darin schreibt er: „Der Habsüchtige will nicht nur – wie der Geizige – behalten, was er hat. Er will endlos wachsen – ein ebenso ziel- wie sinnloses Unterfangen. Jedem Gewinn folgt sofort der Wunsch nach neuem Profit. Jedes Ziel ist lediglich ein Zwischenziel. Gier erzeugt immer nur neue Gier." (Sofsky 2009, 124) Es entsteht so etwas Ähnliches wie ein Jagdfieber. Weil jedes günstige Angebot – etwa bei einer Versteigerung – nur einmal vorhanden ist, muss man schnell „zuschlagen". Wenn das Jagdfieber zum Lebensprinzip wird, entsteht in der betreffenden Person ein großer Zeitmangel. Die Hektik und die Oberflächlichkeit sind aber die Todfeinde des Genusses (Paech 2013, 20)!

Papst Franziskus ist kein Meister in der Benützung des moralischen Zeigefingers. Bekannt ist sogar sein Ausspruch während eines Interviews: „Wer bin ich, darüber zu urteilen?" Allerdings bezieht er in seiner Enzyklika eine klare Stellung gegenüber den schweren Verfehlungen wie Menschenhandel, organisierte Kriminalität, Rauschgifthandel und finanzielle Unterstützung von Kriegen (LS 123). Für die anderen Fälle des übertriebenen Trachtens nach Besitz weist er auf ganz einfache Gegenmittel hin, nämlich auf die Tugenden. Er schreibt:

Genügsamkeit und Demut haben im letzten Jahrhundert keine Wertschätzung erfahren. Wenn jedoch die Übung irgendeiner Tugend im persönlichen und im gesellschaftlichen Leben allgemein nachlässt, dann verursacht das schließlich viele Unausgeglichenheiten auch in der Umwelt. (LS 224)

Über die Tugenden haben schon die griechischen Philosophen, unter ihnen besonders Aristoteles (384–322 v. Chr.), nachgedacht (Müller 2014). Sie fanden im Lichte der natürlichen Vernunft heraus, dass die Tugenden uns helfen können, glücklich zu werden. Freilich, Glück ist eine persönliche Angelegenheit, und man kann die Menschen zu ihrem Glück nicht zwingen. In diesem Sinne geht es auch bei Franziskus nur um Ratschläge und nicht um Pflichten, wenn er in LS 223 schreibt:

Die Genügsamkeit, die unbefangen und bewusst gelebt wird, ist befreiend. Sie bedeutet nicht weniger Leben, sie bedeutet nicht geringere Intensität, sondern ganz das Gegenteil. In Wirklichkeit kosten diejenigen jeden einzelnen Moment mehr aus und erleben ihn besser, die aufhören, auf der ständigen Suche nach dem, was sie nicht haben, hier und da und dort etwas aufzupicken.

Die Tugend der Genügsamkeit muss in unserem Alltag eingeübt werden. Sie entsteht nicht schnurstracks und augenblicklich in uns. Außerdem soll sie frei, d. h. bewusst gewählt werden. Im Gegensatz zu einem Fremdgesteuertwerden des einzelnen Menschen geht es hier um die eigene Souveränität beim Konsum. Jeder muss allmählich selber dafür ein Gespür entwickeln, wann für ihn (und nicht für die anderen) ein Schlusspunkt zu setzen ist. Beim übertriebenen Konsumismus ist meistens eine Außenlenkung der Fall. Franziskus weist in LS 203 darauf hin:

Dieses Modell wiegt alle in dem Glauben, frei zu sein, solange sie eine vermeintliche Konsumfreiheit haben, während in Wirklichkeit jene Minderheit die Freiheit besitzt, welche die wirtschaftliche Macht innehat.

Denken wir etwa an die Modebranche. Hier entscheiden nur ganz wenige Unternehmer, was in den nächsten Jahren produziert werden soll und was im nächsten Jahr „in" ist und was nicht. Die Konsumenten können dann nur aus dem vorher Beschlossenen auswählen.

Derjenige, der sich mit weniger begnügt, wird als Folge mehr Zeit zur Verfügung haben. Und da die Zeit ein limitierender Faktor beim Genuss ist, wird sein Leben eine freudigere Note bekommen. Er muss nicht immer starr und ängstlich auf seine eigenen Bedürfnisse achten und kann daher offener sein für neue Erfahrungen.

Man kann wenig benötigen und erfüllt leben, vor allem, wenn man fähig ist, das Gefallen an anderen Dingen zu entwickeln und in den geschwisterlichen Begegnungen, im Dienen, in der Entfaltung der eigenen Charismen, in Musik und Kunst, im Kontakt mit der Natur und im Gebet Erfüllung zu finden. (LS 223)

Papst Franziskus sieht hier auch die Möglichkeit, dass sich durch die Tugend der Genügsamkeit auch unsere Beziehung zu Gott verbessert. In LS 225 schreibt er den schönen Text:

Eine ganzheitliche Ökologie beinhaltet auch, sich etwas Zeit zu nehmen, um den ruhigen Einklang mit der Schöpfung wiederzugewinnen, um über unseren Lebensstil und unsere Ideale nachzudenken, um den Schöpfer zu betrachten, der unter uns und in unserer Umgebung lebt und dessen Gegenwart nicht hergestellt, sondern entdeckt, enthüllt werden muss.

Allzu leicht könnte man übersehen, dass die Christen bezüglich der Genügsamkeit eine besondere Aufgabe innehaben, nämlich die, prophetisch zu sein. Papst Franziskus drückt dies in LS 222 so aus: „Die christliche Spiritualität schlägt ein anderes Verständnis von Lebensqualität vor und ermutigt zu einem prophetischen und kontemplativen Lebensstil.“ Was heißt hier „ein anderes Verständnis“? Dabei handelt es sicherlich um ein Verständnis, das vom „Mainstream“, von der Hauptströmung des Denkens, abweicht. Bereits Jesus sagte zu seinen Anhängern: „Ihr seid das Salz der Erde. Wenn das Salz seinen Geschmack verliert, womit kann man es wieder salzig machen?“ (Mt 5,13) Als Christen sollen wir den Mut haben, auch aus der Reihe zu fallen, im Vergleich zu anderen Menschen eine andere Vorstellung zu haben und anders zu handeln. Dieses Verhalten hat sich wie ein roter Faden durch die Geschichte gezogen. Denken wir etwa an Franz von Assisi. Er war der Sohn eines reichen Tuchhändlers, gab seinem Vater die prächtigen Kleider zurück und hüllte sich in ein Gewand, das den Lumpen ähnlich war. Das Beispiel dieses jungen Mannes hatte für die damalige Zeit große Konsequenzen und inspiriert immer noch die Menschen. Heute gibt es einen Papst, der sich diesen Heiligen zum Vorbild genommen hat. Er legt ein eindrucksvolles prophetisches Zeugnis für die Genügsamkeit ab. Ich persönlich kann mich noch sehr gut erinnern, wie im Jahr 2015 im italienischen Fernsehen im fast bestürzten Ton berichtet wurde, dass der Papst in die Via del Babbuino zu einem kleinen Optikergeschäft gegangen war, um neue Brillengläser zu bestellen. Eine neue Fassung brauchte er nicht, weil die alte noch gut genug war.

Warum handelt es sich hier um eine so wichtige Geschichte, um die sich die Presse und das Fernsehen kümmerten? Als Christen sollen wir ein prophetisches Zeugnis geben. Man könnte hier auch an die Notwendigkeit der Sonntagsruhe denken. Müssen unbedingt alle Geschäfte an diesem Tag offen sein? Einmal in der Woche wäre es gut, wenn mit dem Shopping Schluss wäre, auch deswegen, damit sich die Angestellten ausruhen könnten. Aber wer traut sich in einer Zeit der wirtschaftlichen Krise so etwas vorzuschlagen? Nicht umsonst betont Papst Franziskus wieder die Feiertagsruhe am Sonntag. Er schreibt:

Auf diese Weise wird das menschliche Handeln nicht allein vor dem leeren Aktivismus bewahrt, sondern auch vor der zügellosen Unersättlichkeit und dem abgeschotteten Bewusstsein, das dazu führt, nur den eigenen Vorteil zu verfolgen […]. Die Ruhe ist eine Ausweitung des Blickfeldes, die erlaubt, wieder die Rechte der anderen zu erkennen. (LS 237)

XX. Eine Spiritualität der kleinen Gesten der Liebe

Das Beispiel der heiligen Therese von Lisieux lädt uns ein, den „kleinen Weg" der Liebe zu beschreiten, keine Gelegenheit für ein freundliches Wort, für ein Lächeln, für irgendeine kleine Geste zu verpassen, die Frieden und Freundschaft verbreitet. Eine ganzheitliche Ökologie ist auch aus einfachen alltäglichen Gesten gemacht, die die Logik der Gewalt, der Ausnutzung, des Egoismus durchbrechen. Indessen ist die Welt des wütenden Konsums zugleich die Welt, in der das Leben in all seinen Formen schlecht behandelt wird. **(LS 230)**

Die ökologische Spiritualität eines Menschen ist keine rein innerliche Angelegenheit. Sie wird auch nach außen hin einen Ausdruck finden. Das kommt sicherlich von der Tatsache, dass diese Spiritualität im Grunde ein gelebter Glaube, ein gelebtes Evangelium ist. Und bekanntlich ist „der Glaube ohne Werke tot" (Jakobus 2,14–20).

Von uns werden wohl keine großen „Werke" verlangt, sondern nur kleine. Die großen Werke bestünden darin, Lösungen wissenschaftlicher oder politischer Art in folgenden Fragen zu finden: zu Umweltverschmutzung und Klimawandel; zur Wasserfrage; zu den Ozeanen; zum Verlust der biologischen Vielfalt; zur Verschlechterung der Lebensqualität und zum sozialen Niedergang vieler Menschen.

Wenn wir realistisch sind, wissen wir, dass diese Probleme in vielfacher Hinsicht die Möglichkeiten eines einzelnen

Menschen bei Weitem übersteigen. Das kommt u. a. allein schon davon, dass der einzelne Mensch manche Umweltveränderungen mit seinen eigenen Sinnen gar nicht wahrnehmen kann. Denken wir etwa an die radioaktive Strahlung, an das Ozonloch oder die Schwermetallanreicherung. Ein anderes Problem, das mit unserer Wahrnehmung zusammenhängt, ist von der Tatsache verursacht, dass sich die Effekte der Umweltschäden sehr langsam, aber stetig einstellen. Sie werden dadurch sehr schwer wahrgenommen und haben einen Gewöhnungseffekt zur Folge (Braun 2000, 13). Im Umweltschutz ist daher ein gemeinsames Wirken angezeigt, auch in Tausenden vielleicht unbedeutend erscheinenden Situationen, und zwar mit einer gewissen Demut und vor allem mit Liebe. Es entsteht zumindest nach und nach eine Veränderung unserer Einstellung und die unserer Gesellschaft zur Umwelt.

Papst Franziskus stellt dafür das Beispiel der heiligen Therese von Lisieux (1873–1897) vor. Ist es nicht gewagt, sie als Vorbild zu nennen, die mit 15 Jahren in einen Konvent eintrat und mit 24 Jahren starb? Was ist ihre Besonderheit? Wenn man ihre autobiografischen Schriften liest, die unter dem Namen *Die Geschichte einer Seele* in der ganzen Welt bekannt sind, wird man mit dieser Lektüre nach und nach begreifen, was das Geheimnis ihres Lebens ist und warum sie so verehrt wird. Unter anderen schreibt sie: „Es ist der Liebe eigen, auf tausend verschiedene Weisen zu wirken."

Nebenbei sei auch ihre Naturliebe erwähnt. Als Klosterfrau des Karmeliterordens konnte sie den Konvent nicht mehr verlassen. Da sie aber die Aufgabe hatte, den Altar der Kirche zu schmücken, kam sie aber immer wieder mit ihren geliebten Blumen in Kontakt. So schreibt sie: „Kornblumen, Margeriten, Klatschrosen, usw. ..., alle meine Lieblingsblumen. Es gab darunter sogar eine kleine Blume, die Kornrade, die ich nicht hatte finden können, seitdem wir nach Lisieux gezogen waren, ich sehnte mich, sie wiederzusehen, die Blume meiner Kindheit, die ich auf den Feldern von Alençon gepflückt hatte; erst im Karmel lächelte sie mir wieder zu." (Therese vom Kinde Jesu 1958, 180) Wer kennt die Kornrade noch? Durch die intensive Reinigung des Saatgutes ist sie mittlerweile aus den Feldern verschwunden. Ich persönlich war in den letzten Jahren viel unterwegs und bin ihr trotzdem nur zweimal begegnet.

Die heilige Therese wurde allerdings nicht wegen ihrer Naturliebe, sondern wegen ihrer Liebe zu allen Menschen bekannt. Das ist aber auch ein Hinweis dafür, dass sich liebevolle Menschen um das Ganze der Schöpfung kümmern.

Meines Erachtens ist es sehr wichtig, die von der ökologischen Spiritualität inspirierten Tätigkeiten – wenn sie auch klein scheinen – unter dem Gesichtspunkt der Liebe zu sehen und zu beurteilen. Zum Beispiel: Was die Wiederverwertung von Dingen betrifft, kann diese aus verschiedenen Motiven geschehen: etwa aus übergroßer Angst um die Zukunft, aus Geiz, aber auch aus Liebe. Ausdrücklich sagt Papst Franziskus: „Etwas aus tiefen Beweggründen wiederzuverwerten, anstatt es schnell wegzuwerfen, kann eine Handlung der Liebe sein, die unsere eigene Würde zum Ausdruck bringt." (LS 211) Das Gleiche gilt sicherlich auch von anderen Tätigkeiten, etwa von der Abfalltrennung, von der Sparsamkeit beim Verbrauch von Wasser, von Papier und Plastik (LS 211).

Auch in der Erziehung bzw. in der Familie soll das Thema der Liebe anwesend sein:

In der Familie werden die ersten Gewohnheiten der Liebe und Sorge für das Leben gehegt, wie zum Beispiel der rechte Gebrauch der Dinge, Ordnung und Sauberkeit, die Achtung des örtlichen Ökosystems und der Schutz aller erschaffenen Wesen. (LS 213)

Diese Liebe soll sich im Sinne einer ganzheitlichen Ökologie auch auf die Armen beziehen, mit denen die Familie Kontakt hat. Die Liebe zur Natur entsteht meistens während der Kindheit. Es ist nicht unbedingt eine Aufgabe der Eltern, intellektuelle Hilfen für das Naturverständnis zu bieten. Besser wäre es, wenn die Eltern gemeinsame Zeiten mit den Kindern in der Natur verbringen. Den Kindern mangelt es – zumindest in stark industrialisierten Ländern – prinzipiell an Primärerfahrungen mit der Natur. Ein gemeinsamer Spaziergang am Meer mit den Eltern kann wichtiger sein, als viel Zeit am Computer oder am Fernsehapparat zu verbringen.

Der Papst spricht auch von gemeinschaftlichen Aktionen, mit denen sich eine Gemeinschaft von der konsumorientierten Gleichgültigkeit befreit. Etwa wenn mehrere Menschen sich für das Gemeinwohl einsetzen – zum Beispiel, um „ein Bauwerk, einen Brunnen, ein verwahrlostes Denkmal, eine Landschaft, einen Platz zu schützen, zu sanieren, zu verbessern oder zu verschönern". Franziskus sagt dazu: „Diese gemeinschaftlichen Aktionen können, wenn sie Ausdruck einer hingebungsvollen Liebe sind, zu intensiven spirituellen Erfahrungen werden." (LS 232)

Am Schluss der Enzyklika, im Gebet für unsere Erde, bezieht sich Franziskus nochmals auf die Liebe:

Allmächtiger Gott,
der du in der Weite des Alls gegenwärtig bist
und im kleinsten deiner Geschöpfe,
der du alles, was existiert,
mit deiner Zärtlichkeit umschließt,
gieße uns die Kraft deiner Liebe ein,
damit wir das Leben und die Schönheit hüten.

Anmerkungen

Alle Hinweise auf Links des Internet wurden am 17. Juli 2017 kontrolliert.

1 Siehe die Website des Heiligen Stuhls: http://w2.vatican.va/content/vatican/de.html
2 Das Wort „Mystik“ in dieser Textstelle wurde in der deutschen Übersetzung mit einem Anführungszeichen versehen; im Originaltext der Enzyklika, der auf Spanisch verfasst ist, fehlen die Anführungszeichen; in der englischen Übersetzung ging das Wort „Mystik“ überhaupt verloren. Dazu siehe: Kiefer 2016, 20.
3 Karrer 2006, 381. Karrer weist darauf hin, dass das Wort „Spiritualität“ im Gebrauch der deutschen Sprache vor 1950 kaum nachweisbar ist. In der „alten“ Ausgabe von 1964 des vielbändigen Lexikons für Theologie und Kirche wird unter dem Stichwort „Spiritualität“ schlicht und einfach auf „Frömmigkeit“ verwiesen. In der Neuauflage von 1995 geht dann der Weg in die andere Richtung. Unter „Frömmigkeit“ wird auf die „Spiritualität“ verwiesen. Das Wort „Spiritualität“ hat sozusagen den Sieg davongetragen.
4 Die englische Übersetzung des spanischen Wortes atención an dieser Stelle gebraucht daher das Wort attentiveness = Achtsamkeit.
5 Zum Beispiel: Gäf-Kuschewski 2016.
6 Eine interessante Zusammenstellung über das Ergänzungsverhältnis von Naturwissenschaft und Glaube findet man in: Kraus 1997, 336–339.
7 Die Stelle in der Enzyklika: „Wenn es stimmt, dass wir Christen die Schriften manchmal falsch interpretiert haben“ wurde in der deutschen Ausgabe leider nicht klar genug übersetzt. Deutlicher

ist die englische Übersetzung: „Although it is true that we Christians have at times incorrectly interpreted the Scriptures …“. Dazu siehe auch: Kiefer 2016, 20.

8 Artikel „Neopaganismus“ in Wikipedia. Als Ergänzung dazu auch: www.pantheism.net/paul/pagan.htm.

9 Ebd.

10 Papst Benedikt XVI., Botschaft zur Feier des Weltfriedenstages 1. Januar 2010: „Willst du den Frieden fördern, so bewahre die Schöpfung“, heruntergeladen von der Website des Heiligen Stuhles.

11 Vgl. Richard Dawkins' Stiftung für Vernunft & Wissenschaft, www.richarddawkins.net

12 Die wissenschaftliche Ophrys-Forschung erfolgte hauptsächlich an der Universität Wien unter Prof. Hannes F. Paulus, siehe: Wie Insekten-Männchen von Orchideenblüten getäuscht werden – Bestäubungstricks und Evolution in der mediterranen Ragwurzgattung Ophrys, in: Denisia 20, 255–294. Die Täuschung erfolgt auf vielfache Art, auch mit Gerüchen.

13 Eine ausführliche kritische Auseinandersetzung mit dem Kreationismus findet man in: Kessler 2017.

14 Das Paradigma der universellen Geschwisterlichkeit ist an und für sich nicht neu. Es wurde vorher unter dem Namen Mit-Geschöpflichkeit diskutiert. Neu ist meiner Ansicht nach, dass der Papst diese Ideen sorgsam begründet, gut formuliert, in einen größeren Zusammenhang stellt und mit der Autorität einer Enzyklika zur weltweiten Diskussion bringt.

15 Was einen kleinen Wurm zum gefragten Modell macht. Systembiologen modellieren den kompletten Stoffwechsel des Fadenwurms Caenorhabditis elegans. Forschungsmeldungen der Universität Jena. Aus dem Internet abrufbar: www.uni jena.de/Forschungsmeldungen/FM160607_C_elegans.pdf.

16 Dostojewski, Fjodr Michailowitsch, Die Brüder Karamasow, Kapitel 7, im Internet: gutenberg.spiegel.de/buch/die-bruder-karamasow-2095/7

17 Ickler, Theodor, in: sprachforschung.org/ickler/index.php?show=news&id=1103#29210

18 Corpo Forestale dello Stato: Bollettino – Incendi boschivi per Regione – Dati provisori anno 2016, emissione del 15. 12. 2016.

19 Deutsche Presse-Agentur: Friedensnobelpreisträgerin Wangari Maathai gestorben, in: Zeit online vom 26. September 2011 (aus dem Internet).

20 Vgl. den ausführlichen Artikel in deutscher Sprache über Wagari Maathai in Wikipedia.de

21 Für diejenigen, die sich für diese Methode näher interessieren: Es gibt im Internet ein leicht zu findendes Video vom Ersten Deutschen Fernsehen mit dem Titel: „Burkina Faso: Yacoubas Wunder".

22 Blume, Michael: Franziskus und Ali Al-Khawwas – Der Papst rühmt einen islamischen Sufi in seiner Enzyklika Laudato si (im Internet: http://scilogs.spektrum.de/natur-des-glaubens/franziskus-ali-al-khawwas-der/).

23 Siehe unter unter amazon.de, Suchwort: Bücher/Mystik. Am 17. 7. 2017 9268 Bücher in deutscher Sprache.

24 Siehe den ausführlichen Artikel: „Pierre Teilhard de Chardin" in Wikipedia(http://de.wikipedia.org/wiki/Pierre_Teilhard_de_Chardin).

25 Im Internet: de.wikipedia.org/wiki/Guerilla_Gardening

26 Religionen für biologische Vielfalt. Herausgegeben vom Abrahamischen Forum in Deutschland in Zusammenarbeit mit dem Interkulturellen Rat, dem Zentrum Gesellschaftliche Verantwortung der Evangelischen Kirche in Hessen und Nassau (EKHN) und dem Bundesamt für Naturschutz (BfN).

Literatur

Agostini, Evi (2014): Was kann uns Ästhetik heute noch bedeuten? Ästhetische (Lern-)Erfahrungen: eine Vignette und deren Lektüre, in: Magazin Erwachsenenbildung.at (2014).

Amann, Ruth (2006): Von Gärten und Zwischenwelten. Zur Psychologie des Gartens, Zürich.

Bals, Christoph (2016): Eine gelungene Provokation für eine pluralistische Weltgesellschaft. Die Enzyklika Laudato si' – eine Magna Charta der integralen Ökologie als Reaktion auf den suizidalen Kurs der Menschheit, Germanwatch, Berlin. Die Publikation kann aus dem Internet abgerufen werden unter: www.germanwatch.org/de/10479

Barthlott, Wilhelm/Oberholzer, Jasmin/Rafiqpoor, M. Daud (2016): Pflanzen der Heiligen Bücher Bibel und Koran. BfN-Skripten 448, Bonn. Aus dem Internet gratis herunterladbar.

Benedikt XVI., Botschaft zur Feier des Weltfriedenstages 1. Januar 2010: „Willst du den Frieden fördern, so bewahre die Schöpfung", heruntergeladen von der Website des Heiligen Stuhles.

Benk, Andreas (2004), Physik und Theologie – Grenzen des Verstehens, in: Stimmen der Zeit 222 (2004), 795–806.

Benke, Christoph (2004): Die Welt als Hostie. Zur Eucharistie-Mystik Pierre Teilhard de Chardins, in: Geist und Leben 77, 26–36.

Bestle-Körfer, Regina/Stollenwerk, Annemarie/Heinlein, Kerstin (2009): Sinneswerkstatt Landart: Naturkunst für Kinder (Praxisbücher für den pädagogischen Alltag), Münster.

Birkel, Simone (2016): Die Sorge für das gemeinsame Haus. Herausforderungen für die Religionspädagogik durch die Mitweltenzyklika Laudato si', in: Religionspädagogische Beiträge 75 (2016) 5–13. (aus dem Internet)

Bittner, G. (1995): Wie „erlebt“ das Kind?, in: Homfeldt, H.G. (Hg): Erlebnispädagogik, 2. Auflage, Baltmannsweiler.

Blume, Michael: Franziskus und Ali Al-Khawwas – Der Papst rühmt einen islamischen Sufi in seiner Enzyklika Laudato si’ (im Internet: http://scilogs.spektrum.de/natur-des-glaubens/franziskus-ali-al-khawwas-der/)

Bollnow, Otto Friedrich (1990): Mensch und Natur, (aus dem Internet: https://www.yumpu.com/de/document/view/25082005/mensch-und-natur-otto-friedrich-bollnow)

Bonhoeffer, Dietrich (1998): Widerstand und Ergebung: Briefe und Aufzeichnungen aus der Haft (Werke, Bd. 8), München.

Braun, Annette (2000): Wahrnehmung von Wald und Natur, Wiesbaden.

Cskikszentmihalyi, Mihaly (2001): Lebe gut! Wie Sie das Beste aus Ihrem Leben machen. Übersetzung aus dem Englischen, München.

Dawkins, Richard (⁹2010): Der Gotteswahn (Übersetzung aus dem Englischen), Berlin.

Deutsche Presse-Agentur: Friedensnobelpreisträgerin Wangari Maathai gestorben, in: Zeit online vom 26. September 2011. (aus dem Internet)

Dostojewski, Fjodr Michailowitsch, Die Gebrüder Karamasow, Kapitel 7, im Internet: gutenberg.spiegel.de/buch/die-bruder-karamasow-2095/7

Faltynowicz, Inka (2016): Dankbarkeit. Warum wir sie brauchen, Münster.

Frisch, Hermann-Josef (2016): Lieber Martin Luther – lieber Papst Franziskus. Ein Briefwechsel, Freiburg i. Br.

Gleixner, Hans (2005): „Wenn Gott nicht existiert ...“. Zur Beziehung zwischen Religion und Ethik. Paderborner Theologische Studien Bd. 46, Paderborn.

Gräf-Kuschewski, Sylvia (2016): Achtsam leben, in: Laudato si’. Schöpfungsspiritualität in der Praxis, herausgegeben von der Landesstelle der Katholischen Landjugend Bayerns, München, 96–107.

Hengsbach, Friedhelm (2016): Laudato si'. Ein öko-soziales Rundschreiben in euphorischem Überschwang?, Frankfurt am Main.

Heschel, Abraham Joshua (2000): Gott sucht den Menschen. Eine Philosophie des Judentums, Übersetzung aus dem Englischen, Berlin, 5. Auflage.

Hilger, Georg (2000): Wahrnehmen und gestalten. Ästhetisches Lernen, in: Münchener Theologische Zeitschrift 51, 201–210.

Ickler, Theodor, in: sprachforschung.org/ickler/index.php?show=news&id=1103#29210

Max-Planck-Gesellschaft (Hg.) (2007): Im Menschen ist der Wurm drin – Was ein kleiner Nematode über unsere Gene verrät. Aus dem Internet abrufbar: www.max-wissen.de/74066/maxheft5345

Jeska, Andrea (2012): Der Mann, der die Wüste aufhielt, in: Zeit online, 29. November 2012 (aus dem Internet)

Jeska, Andrea (2014): Der Mann, der die Wüste aufhielt. Die Geschichte von Yacouba Sawadogo, Wiesmoor.

Johannes Paul II. (1998): Enzyklika *Fides et ratio* an die Bischöfe der katholischen Kirche über das Verhältnis von Glaube und Vernunft, 14. September 1998 (Verlautbarungen des Apostolischen Stuhls, 135) Bonn.

Kabat-Zinn, Jon (1990): Gesund und stressfrei durch Meditation. Das große Buch der Selbstheilung (Übersetzung aus dem Amerikanischen), Gütersloh.

Kafka, Franz (1966): Brief an Oskar Pollak, 27. Januar 1904, in: Franz Kafka: Briefe 1902–1924, hg. von Max Brod, Frankfurt a. M.

Karrer, Leo (2006): Spiritualität: ein Megatrend? Spurensuche auf Wegen der Menschwerdung, in: Diakonia 37 (2006).

Kather, Regine (2001): Aufmerksamkeit. Ein Bindeglied zwischen der Welt und Gott bei Simone Weil (Schriftenreihe der katholischen Akademie Köln) – (aus dem Internet)

Kehl, Medard (2006): Und Gott sah, dass es gut war. Eine Theologie der Schöpfung. Unter Mitwirkung von Hans-Dieter Mutschler und Michael Sievernich, Freiburg.

Keppeler, Toni/Romero, Cecibel (2017): Recht auf Nahrung. Saatgut ohne Monsanto, in: Die Wochenzeitung vom 20. 4. 2017 (aus dem Internet)

Kessler, Hans ([5]2017): Evolution und Schöpfung in neuer Sicht, Kevelaer.

Kessler, Hans (Hg.) (1996): Ökologisches Weltethos im Dialog der Kulturen und Religionen, Darmstadt.

Kessler, Hans (1990): Das Stöhnen der Natur. Plädoyer für eine Schöpfungsspiritualität und Schöpfungsethik, Düsseldorf (Nachdruck: Referat für Umweltfragen der Erzdiözese Wien 1998)

Kessler, Hans (2012): Vor einem neuen Schritt der Menschwerdung? Wege zu einem globalen sozial-ökologischen Ethos, in: Neuhäuser, Martin (Hg.): Gott – Mensch – Schöpfung, Sankt Augustin, 87–114.

Kiefer, Mattias (2016): Die Textbasis: Unterschiedliche Ausgaben der Enzyklika, in: Laudato si'. Schöpfungsspiritualität in der Praxis, hrsg. von der Landesstelle der Katholischen Landjugend Bayerns, München.

Kissler, Alexander. Umweltenzyklika „Laudato si'". Der Papst gibt Energiespartipps, in: Cicero. Magazin für politische Kultur, 18. Juni 2015.

Kraus, Georg (1997): Welt und Mensch. Lehrbuch zur Schöpfungslehre, Frankfurt am Main.

Lehner, Tobias (2012): Evolution des Christlichen. Anthropologie bei Joseph Ratzinger/Benedikt XVI., Hamburg.

Lienkamp, Andreas (2016): Die Sorge für unser gemeinsames Haus! Herausforderungen der bahnbrechenden Enzyklika Laudato si' von Papst Franziskus (Linzer Beiträge zu Wirtschaft-Ethik-Gesellschaft 8), Linz (aus dem Internet)

Lüke, Ulrich: Staunen ist der Anfang: Professor Ulrich Lüke über Schöpfung, Evolution und Glaube, in: Deutsche Tagespost, am 20. 10. 2007, Würzburg.

Matuschek, Stefan (1991): Über das Staunen. Eine ideengeschichtliche Analyse, Tübingen.

Meyer-Drawe, Käte (2011): Staunen – ein „sehr philosophisches Gefühl“, in Etica&Politica/Ethics&Politics, XIII, 2011,1, 196–205.
Moltmann, Jürgen (2016): Hoffen und Denken. Beiträge zur Zukunft der Theologie, Neukirchen-Vlyn.
Monod, Jacques (1971): Zufall und Notwendigkeit. Philosophische Fragen der modernen Biologie, München.
Müller, Albrecht (2014): Das Streben der Anderen. Suffizienz als Lustgewinn oder als Pflicht, in: Sommerakademie „Suffizienz“, 13.–19. September 2014 in St. Georgen. (aus dem Internet: www.bundjugend-bw.de/files/sommerakademie-2014-doku-ethik.pdf)
Neidl, Franz (2002): Die Streuwiese – damit sie nicht verlorengeht. Bemerkungen zur Ökologie eines gefährdeten Niedermoores, Weitra.
Paech, Niko (2013): Maßvolle Lebensstile. Lob der Reduktion, in: Politische Ökologie 135, Suffizienz. (aus dem Internet)
Polkinghorne, John (2001): Theologie und Naturwissenschaft. Eine Einführung. (Übersetzung aus dem Englischen), Gütersloh.
Portmann, Adolf (1963): Biologisches zur ästhetischen Erziehung, in: Biologie und Geist, Freiburg, 247–265 (erweiterte Auflage von Biologie und Geist, erschienen 1956 im Rhein-Verlag Zürich).
Ratzinger, Joseph (1968): Einführung in das Christentum, München.
Ratzinger, Joseph (1996, Neuaufl.): Im Anfang schuf Gott. Vier Münchener Fastenpredigten über Schöpfung und Fall. Konsequenzen des Schöpfungsglaubens, Einsiedeln.
Raymo, Chet (2004): Mein täglicher Spaziergang durch das Universum (Übersetzung aus dem Englischen), München.
Rosenberger, Michael (2016): Gottes Schöpfung schmecken. Naturerfahrung und Schöpfungsspiritualität, in: Laudato si’. Schöpfungsspiritualität in der Praxis, herausgegeben von der Landesstelle der Katholischen Landjugend Bayerns, München, 78–80.
Schimmel, Annemarie (1996): Wie universal ist die Mystik? Die Seelenreise in den großen Religionen der Welt, Freiburg.

Siegel, Daniel J. (2007): Das achtsame Gehirn. (Übersetzung aus dem Amerikanischen), Freiamt im Schwarzwald.
Sofsky, Wolfgang (2009): Das Buch der Laster, München.
Sölle, Dorothee (1997): Mystik und Widerstand. „Du stilles Geschrei", Hamburg.
Therese vom Kinde Jesus (⁵1958): Selbstbiographische Schriften. Authentischer Text, Einsiedeln.
Theunissen, Georg (1997): Basale Anthropologie und ästhetische Erziehung. Eine ethische Orientierungshilfe für ein gemeinsames Leben und Lernen mit behinderten Menschen, Bad Heilbronn.
Thomas, Günter (2003): Umkämpfte Aufmerksamkeit. Medienethische Erwägungen zu einer knappen kulturellen Ressource, in: Zeitschrift für Evangelische Ethik, 47. Jg., 89–104.
Thüry, Günther E. (1995): Die Wurzeln unserer Umweltkrise und die griechisch-römische Antike, Salzburg.
Tugendhat, Ernst (2003): Egozentrizität und Mystik. Eine anthropologische Studie, München.
Waldenfels, Bernhard (2001): Überraschte Wahrnehmung. Eine phänomenologische Betrachtung, in: Fröhlich Magrit/Middel, Reinhard/Visarius, Karsten: Zeichen und Wunder. Über das Staunen im Kino (Arnoldsheimer Filmgespräche Bd. 18), Marburg, 9–28.
Wulf, Friedrich (1969): Merkmale christlicher Spiritualität heute, in: Geist und Leben 42/5 (1969).
Zygar, Caroline/Angus, Jeffrey (2016): Dankbarkeit, in: Psychologie der Werte. Von Achtsamkeit bis Zivilcourage – Basiswissen aus Psychologie und Philosophie, herausgegeben von Dieter Frey, Berlin.